2015年主题出版重点出版物

依法治国研究系列

丛书执行主编
董彦斌

法治国家

A
LAW-BASED
STATE

姜明安 主编

社会科学文献出版社
SOCIAL SCIENCES ACADEMIC PRESS (CHINA)

丛书出版前言

改革开放以来，中国既创造出经济振兴的成绩，也深化了治理方式的探索、筑基与建设。法治的兴起，是这一过程中的里程碑事件。法治是一种需求和呼应，当经济发展到一定阶段，一定要求相应的良好的法律制度来固化成果、保护主体、形塑秩序；法治是一种勇气和执念，作为对任意之治和权力之治的否弃和超越，它并不像人们所喊的口号那么容易，其刚性触及利益，其锐度触及灵魂，所以艰难而有意义。

中国法治现代化是万众的事业，应立基于中国国情，但是，社会分工和分工之后的使命感，使得法学家对法治的贡献不小。中国的法学家群体以法治为业，又以法治为梦。法学家群体曾经"虽千万人吾往矣"，呼唤了法治的到来，曾经挑担牵马，助推了法治的成长，如今又不懈陈辞，翘首以盼法治的未来。

文章合为时而著。20世纪80年代，法治话语起于青蘋之末，逐步舞于松柏之下。20世纪90年代以来，法治话语层出迭现，并逐步精细化，21世纪后更呈多样化之势。法学理论有自身的逻辑，有学术的自我成长、自我演化，但其更是对实践的总结、论证、反思和促动，值得总结，值得萃选，值得温故而知新。

与世界范围内的法治话语比起来，中国的法治话语呈现三个特点。一是与较快的经济增速相适应，发展速度不慢，中国的法学院从三个到数百个，时间不过才三十来年。二是与非均衡的经济状况、法治状况相适应，法学研究水平参差不齐。三是在客观上形成了具有特殊性的表达方式，既不是中体西用，也不是西体中用。所以，法治话语在研究着法治和中国，而法治话语本身也属于有意味的研究对象。

鉴于为法治"添一把火"的考虑，又鉴于总结法治话语的考虑，还鉴于让各界检阅法治研究成果的考虑，我们组织了本套丛书。本丛书以萃选法治话语为出发点，努力呈现法治研究的优秀作品，既研究基本理论，也指向法治政府、刑事法治、商事法治等具体方面。文章千古事，得失寸心知。一篇好的文章，不怕品评，不怕批评，也值得阅读，值得传播和流传。我们努力以这样的文章作为遴选的对象，以有限的篇幅，现法治实践与理论的百种波澜。

各卷主编均系法学名家，所选作品的作者均系优秀学者。我们在此对各卷主编表示感谢，对每篇文章的作者表示感谢。我们更要对读者表示感谢。正因为关心法治并深具问题意识和国家发展情怀，作为读者的你才捧起了眼前的这本法治书卷。

目录
CONTENTS

序　言 ………………………………………………… 姜明安 / 1

第一编　依法治国与建设法治国家

实行依法治国，建设社会主义法治国家 …………… 李步云 / 3
依法治国，建设社会主义法治国家 ………………… 沈宗灵 / 27
论中国特色社会主义法治道路 ……………………… 张文显 / 50
改革、法治与国家治理现代化 ……………………… 姜明安 / 69

第二编　法治国家与宪制

中国宪法文本中"法治国家"规范分析 …………… 韩大元 / 91
宪法至上是建设法治国家之关键 …………………… 吴家麟 / 105
"国家尊重和保障人权"的宪法分析 ……………… 焦洪昌 / 120

第三编　法治国家与行政法治

中国行政法治发展进程回顾
　　——经验与教训 …………………………………… 姜明安 / 139

紧急状态与行政法治 …………………………… 江必新 / 162

公众参与与行政法治 …………………………… 姜明安 / 190

丛书后记 ……………………………………………… 董彦斌 / 214

序　言

《法治国家》是"依法治国研究系列"的一本。该书收集了改革开放以来,特别是近十年来,法学理论界和法律实务界的专家、学者研究和论述"依法治国,建设法治国家"方面的有代表性和典型性的学术论文。[①] 这些学术论文从不同角度、不同方面反映了中国人民在中国共产党的领导下,对建设社会主义法治国家的道路和途径在理论上的艰难探索过程。

改革开放之初,由于我们刚开始拨乱反正,思想解放刚开始起步,"左"的观念仍在很大程度上桎梏着我们。那时,我们绝大多数人还不敢讲"法治",不敢讲"人权",不敢讲"权力制约",更不敢直接讲"法治国家"。对"法治"的研究只能用"法制"取代,通过研究健全完善"国家法制"去探索建设"法治国家"的道路。当然,那时也有一些勇于探索前沿问题的学者开始在自己的学术著作或论文里介绍国外的"法治"理论和实践,探讨法治发达国家实行依法治国的经验和在中国推进法治的可能性。

到20世纪八九十年代,越来越多的学者开始突破"左"的思想的桎梏,着手研究在中国推行"法治",建设"法治国家"的必要性了(不仅是可能性),并进一步探讨法治与社会主义的相容性和建设

---

① 北京大学法学院的刘刚博士、中国人民大学法学院的王贵松博士、北京市社会科学院法学所的成协中博士和中国人事科学研究院的徐维博士参与了本书文献的收集工作,对本书出版做出了贡献,在此特表谢意。

社会主义法治国家的途径。如我们在本书中收集的李步云教授、沈宗灵教授、吴家麟教授等老一辈法学家的文章，都不仅明确提出了"法治"和"法治国家"的概念，而且开始研究社会主义法治国家的要素和实现途径。到1999年，"法治"在中国终于入宪。九届全国人大二次会议通过的宪法修正案明确规定，"中华人民共和国实行依法治国，建设社会主义法治国家"。

进入21世纪以后，学界（不仅是法学界）和实务界（也不仅是法律实务界）开始全面研究和探讨"依法治国，建设法治国家"的理论、道路和具体制度架构。学者们发表了大量的文章，为全面推进依法治国提供了深入扎实的理论根据和建设法治国家的实施方案及路线图。本书重点选择三个类别的论文，展现学者们从不同角度、不同视域、不同层面对建设"法治国家"道路与途径的研究成果（包括理论探讨与实践对策两方面的研究成果）：第一个类别的论文是对依法治国与建设法治国家一般原理的阐释，如李步云、沈宗灵、张文显等专家的文章；第二个类别的论文是对法治国家与宪制（依宪治国）关系的阐释，如吴家麟、韩大元、焦洪昌等学者的文章；第三个类别的论文是对法治国家与行政法治关系的阐释，如姜明安、江必新等学者的文章。

为了准确反映学界和实务界对法治、法治国家理论探索的时代性，我们在编辑本书时没有要求作者对过去发表的论文进行大幅修改、增删。当然，对于这些论文原文中存在的个别不当引证、不合时宜的说法或作者写作时个别明显的笔误，我们在编辑时还是进行了更正。

本书专门研究法治国家，鉴于"法治国家"与"法治中国"、"法治社会"等概念有着特别密切的联系，为了让读者明了这些相互密切联系的概念的不同内涵和外延，我们在正式推出学者们的论文前，先对上述概念的相互关系予以适当阐释。

"法治中国"是习近平总书记在2013年全国政法工作电视电话会议上提出的概念。之后，在新一届中共中央政治局第四次集体学习时他又提出"坚持依法治国、依法执政、依法行政共同推进，坚持法治国家、法治政府、法治社会一体建设"的论述。过去我们的各种学术著作、论文和法律文献经常提到法治国家、法治政府、法治社会三个概念，但往往是分别单独使用这三个概念，很少有人将三者放在一起同时使用，更无人同时使用四者。因此，人们一般不对这三者、四者进行严格区分，通常赋予三者、四者以交叉或重合的含义。[①] 现在，习近平总书记将此四者放在一起，提出要三者"一体建设"从而实现"法治中国"的目标。在这种情况下，我们就不能不对法治中国、法治国家、法治政府、法治社会和依法执政（法治执政党）所涉及的"中国""国家""政府""社会""政党"（执政党）这些概念的内涵和外延做一定的辨析和区分。

人作为社会动物和政治动物存在，总是在一定的共同体中生活。人类共同体各种各样，但最基本的共同体是国家共同体和社会共同

---

① 例如，张文显等学者主编的马克思主义理论研究和建设工程重点教材《法理学》认为"法治国家"包含"法治政府"："对于法治国家来说，法治政府是其最核心、最根本的部分。"建设法治国家的任务包括建立完备的法律体系、实现依法执政、加强宪法和法律的实施、实现民主政治的制度化和法律化、依法行政，建立法治政府、建设保障社会公正的司法制度、完善权力制约与监督机制以及增强全社会的法律意识和法律素质。参见张文显等主编《法理学》，人民出版社、高等教育出版社，2010，第369～373页。李林和杨建顺教授认为，法治国家应该是人民当家作主或者主权在民的国家，是坚持宪法法律至上的国家，是尊重和保障人权的国家，是坚持依法执政，坚持民主立法、科学立法，坚持依法行政的国家，坚持依法独立公正行使司法权和监督制约公权力的国家。法治政府相对于法治国家是一个更为具体的概念，法治政府的核心要求包括：行政权的获得要有宪法和法律的依据，要依法（包括实体法和程序法）实施行政行为，要与建设廉洁政府、服务政府、高效政府联系起来，要有权必有责，任何违法行为都要受到追究。而法治社会相对于法治政府和法治国家，则处于基础的地位。"如果没有坚实的社会基础，有序的法治社会建设，法治政府和法治国家根本无从谈起。""在法治社会中，应该把公民、其他社会组织、政党团体等包括进来。此外，在法治社会中，社会应该具有法治的秩序和法治的信仰，法治的氛围和法治的环境。所有人都在宪法和法律的规范体系保护之下来进行自由的活动。法治社会应该做到和谐、有序、稳定。"参见李林和杨建顺教授接受《法制日报》记者采访，解读中央政治局第四次集体学习，《法制日报》2013年3月1日，第4版。

体。现代国家共同体通常设置立法机关、行政机关和司法机关等公权力机构管理公共事务。因此，政府是国家的组成部分，国家必然包括政府。而社会共同体是各种各样的，有政治性的，如政党；有经济性的，如各种经济组织、行业协会；有文化性的，如各种学会、文艺团体；还有特定利益特定目标性的、地域性的、血缘性或宗教性的；等等。社会共同体通常也设置一定的组织机构管理内部事务和处理与国家（政府）及其他社会共同体的关系。由于现代社会在任何一国之内总是两种共同体并存，故一国的治理必然包括国家治理和社会治理，一国的法治建设必然包括法治国家建设和法治社会建设。

"法治中国"是中国实行依法治国，建设法治国家和法治社会的统称或简要表述。这里之所以用"法治中国"而不用"法治国家"表述中国实行依法治国的治国方略和目标，是因为"国家"有两重含义：地域意义的国家和政治意义的国家。就地域意义的国家而言，"法治中国"等同于"法治国家"，"法治中国"指在中华人民共和国这个地域范围内建设法治国家。但就政治意义的国家而言，"法治中国"则不等于"法治国家"，而是包括"法治国家"和"法治社会"，法治社会建设在法治中国建设中占有重要的地位，具有重要的作用。

法治社会建设和法治国家建设是法治中国建设必须同时推进的两大宏伟工程。法治国家建设工程主要包括人民代表大会制度建设、法治政府建设和公正司法制度的建设诸项子工程；法治社会建设工程则主要包括社会组织建设、社会行为规范建设和社会解纷机制建设诸项子工程。

另外，我们在这里还要特别强调的是，在中国推进法治社会建设和推进法治国家建设，都必须以推进法治执政党建设为前提和保障。因为作为中国执政党的中国共产党是整个国家和社会的领导力量，中国共产党在性质上既有国家的因素，又有社会的因素，但它既不完全属于国家，也不完全属于社会，而是国家和社会的领导。中国共产党的领导地位和作用，对于依法治国，建设法治中国是决定性的。在中国，没有法治执政党建设，没有执政党的依法执政，法治社会建设和法治国家建设的目标和任务都不可能完成。因此，本书研究法治国家，不仅要与研究法治社会联系起来，而且要与研究法治执政党建设联系起来。

关于法治国家建设与法治社会建设的关系，我们认为，法治国家建设是法治社会建设的基础，法治社会建设则是法治国家建设的条件。

法治国家建设之所以是法治社会建设的基础，理由主要有五。其一，建设法治社会所需之良法，需要法治国家供给。没有法治国家，没有人民代表大会的科学立法为法治社会建设提供良法基础，法治社会不可能生长、存在。尽管建设法治社会所需之良法并非完全由人民代表大会立法（硬法）供给，社会自治过程中形成和产生的软法也是法治社会建设的重要法源，但人民代表大会立法（硬法）毕竟是基本法源。其二，法治社会需要相对稳固的经济基础和相对稳定的社会秩序支撑，而相对稳固的经济基础和相对稳定的社会秩序有赖法治政府的保障。没有法治政府，国家经济基础不可能稳固，社会秩序不可能稳定，从而法治社会也就难以存在和运行。其三，法治社会需要国家公正司法提供有效的解纷机制。法治社会虽然能自生一定的多元化解纷途径，能够通过自治化解大部分社会矛盾和纠纷，但是，国家正式司法制度毕竟是解决争议、维护社会公正的最后一道防线。如果没有国家的公正司法，社会稳定就会受到影响，法治社会将难以为继。其四，社会公权力组织的生长、发展是法治国家建设的产物。只有在法治国家的条件下，社会共同体才会蓬勃生长发育，国家公权力也才会主动地向社会转移，社会公权力发展壮大了，才谈得上建设法治社会。其五，法治国家为社会公权力的良性运作提供保障。随着市场经济和民主政治的发展，社会公权力必然相应增长、发展。社会公权力虽然不具有国家公权力所具有的强制力和扩张性，但如果不对之加以适当约束、规范，也有发生滥用、腐败的可能。对社会公权力约束、规范主要有两个途径：一是社会公权力组织的自律途径；二是国家监督途径。由此可见，社会公权力的依法运作有赖于法治国家的建设，而社会公权力依法运作乃法治社会的重要标志。

法治社会建设之所以是法治国家建设的条件，理由主要有三。其一，只有加强法治社会的建设，才能为法治国家建设提供适宜的环境。法治国家不可能在虚无缥缈的空间建设，而必须在现实社会中建设。现实社会是法治国家建设无可选择的环境。很显然，只有不断打造整个社会尊法、信法、守法、用法的法治社会环境，才可能不断推进法治国家的建设。试想，如果我们的整个社会都不尊奉法律，不信仰法律，我们的大多数国民都不懂法、不信法、不守法，在这样的社会环境中，我们还能建设法治国家，建成法治国家吗？在这样的社会环境中建设、建成法治国家即使不是完全不可能，也会是非常非常困难的。当然，法治社会与法治国家的建设是一个互动的过程，法治社会的建设也有赖于，而且更有赖于法治国家的建设，这一点我们在前面已经论述过了。其二，只有加强法治社会建设，才能为法治国家建设提供完善的制度机制。法治国家的基本要素之一是对国家公权力的监督制约机制。这一机制主要包括三个环节：国家公权力的相互监督制约、社会公权力（如行业协会、社会团体、基层自治组织等）对国家公权力的监督制约，以及公民、法人和其他组织对国家公权力的监督制约（以权利制约权力）。第一个环节是法治国家建设本身的任务，而第二、三个环节则有赖于法治社会建设。只有加强法治社会建设，夯实市民社会的基础，才有可能真正把国家公权力关进制度的笼子。其三，只有加强法治社会建设，才能为法治国家建设不断注入动力、活力。法治社会是国民人权和自由获得有效保障的社会，国民的人权、自由有了切实保障，他们就会不断增强当家作主的意识，就会焕发出无穷的创造力和追求美好幸福生活的热情。国民这种当家作主的意识、创造力和热情正是法治国家建设所特别需要的，而且是用之不竭的动力、活力。在一个国民没有自主精神，没有追求，没有改革创新热情，只知愚忠，只知服从，只知个人自保的国度里，是不可能建成法治国家的。

关于法治国家建设与法治政府建设的关系，二者本是一个包容关系。政府本来是国家的组成部分，建设法治国家就必然包含建设法治政府，建设法治政府实际上也就是在建设法治国家。但是，由于政府在国家中有相对特殊的重要地位，有时我们研究法治中国的问题时，会将法治国家、法治政府和法治社会三者并列，因此我们在讨论了法治国家建设与法治社会建设的关系后，还有必要进一步单独讨论一下法治社会建设与法治政府建设的关系。关于此二者的关系，我们认为，法治国家建设是法治政府建设的前提，法治政府建设是法治国家建设的关键。

我们之所以说法治国家建设是法治政府建设的前提，理由有四。其一，法治政府必须是依法行政的政府，依法行政则必须有法可依。要保证政府行政有法可依，国家就必须有健全的立法机关，有保障立法机关正常运作，及时向政府提供所需法律的立法制度，而健全的立法机关和完善的法律制度乃法治国家的必需要件。其二，法治政府必须是依良法行政的政府，[①] 而"良法"的产生取决于法治国家的建设，取决于法治国家的科学立法、民主立法的机制。没有法治国家的科学立法、民主立法，政府依良法行政是不可能有保障的。其三，法治政府必须是权力受监督制约的责任政府，而政府权力的监督制约不能只来自政府内部，更有效的监督制约应来自外部，这种独立性的监督制约只有外部才能提供，如国家权力机关的监督、司法机关的监督。法

---

① 亚里士多德指出："法治应包含两重意义：已成立的法律获得普遍的服从，而大家所服从的法律又应该本身是制定得良好的法律。"参见〔古希腊〕亚里士多德《政治学》，吴寿彭译，商务印书馆，1996，第199页。

治国家建设的重要内容即在于完善这种外部监督机制,如人民代表大会的预决算审查制度、特定问题调查制度、质询制度、行政诉讼制度、法院独立审判制度等。① 其四,中国特色社会主义制度决定了中国共产党的领导在法治建设中的特殊作用。法治政府的依法行政在很大程度上取决于中国共产党的依法执政,而中国共产党的领导必须坚持依法执政的原则(党必须在宪法和法律范围内活动,必须依宪法和法律实施领导),依法执政乃法治国家、法治社会的基本要素。据此,法治政府必须以法治国家为前提。没有法治国家,不可能有法治政府。

我们之所以说建设法治政府是建设法治国家的关键,主要根据有三。其一,政府,即行政机关,是国家机关中规模最大,公职人员最多,职权最广泛,公民与之打交道最频繁、最直接的机关。因此,法治政府建设的目标、任务实现了,法治国家建设的目的、任务也就绝大部分实现了。推进不了法治政府建设,法治国家建设就无从谈起。其二,政府承担着管理国家内政外交的职能,国家治理的法治化,很大程度上取决于国家内政外交事务管理的法治化。而建设法治政府,则是实现国家内政外交事务管理法治化的别无选择的途径。其三,法治国家建设的目标在很大程度上最终要落实在法治政府建设目标、任务的实现上。法治政府建设成功与否是衡量法治国家建设成功与否的最重要的指标。试想,国家即使通过民主立法、科学立法的途径制定了很多"良法",法院也能依"良法"独立办案,但如果各级政府却我行我素,公职人员任意违法、滥权、腐败,百姓怨声载道,这样的国家还能叫"法治国家"吗?我们不能想象没有法治国家的法治政府,同样,我们也不能想象没有法治政府的法治国家。

前已述及,在中国,研究依法治国必须研究执政党依法执政。研究法治国家建设必须研究法治执政党建设。因此,本书探讨法治国家建设问题,就不能不同时探讨法治国家建设与法治执政党建设的关

---

① 参见《中华人民共和国宪法》第62、67、71、73条;《行政诉讼法》第1、3、5条。

系。关于此二者的关系，我们认为，法治执政党建设是法治国家建设（同时也是法治社会、法治政府建设）的前提和保障，法治国家建设是推进法治执政党建设的促动力。

法治执政党建设之所以是法治国家建设的前提和保障，其主要理由有三。其一，中国共产党作为执政党不同于西方国家的政党，它是整个国家的领导，决定国家和社会治理的目标和方式，建立法治国家和法治社会，就是中国共产党确立的治国理政的目标。然而这一目标的实现，关键取决于中国共产党自身能不能实现法治，能不能将自身建设成法治执政党。如果执政党自己的各级组织、各级党委不实行法治，不依法执政而任性执政，建设法治社会的目标无疑就会落空。其二，建设法治国家和法治社会，涉及国家公权力和政府公权力（如制定规则的权力、社会管理的权力、解纷止争的权力等）依法行使和适当向社会转移的问题，从而社会组织与国家机关、政府部门之间有大量的各种利益和关系需要协调和平衡。谁能担负起这种协调和平衡的重任呢？在中国，当然只能是执政党。但是执政党要协调和平衡好法治国家、法治社会建设过程中的各种利益关系，其所基于的思维必须是法治思维，其所运用的方式必须是法治方式，执政党自身必须是法治化的执政党，否则，将可能削弱而不是促进法治国家和法治社会的建设。其三，法治国家和法治社会在建设过程中，不可避免地会受到各种阻碍。对此，执政党对法治的坚定信念，对法治国家、法治社会目标的坚守是法治国家、法治社会建设顺利进行的关键。只有执政党在领导法治国家、法治社会建设的过程中，坚定不移地推进科学立法、严格执法、公正司法和全民守法，推进社会自治，指导各种社会共同体完善自治规则，依规则处理社会共同体内部、外部的关系，依规则解决共同体内部、外部的各种争议、纠纷，法治国家、法治社会建设才能不断有序向前推进。如果我们的执政党对法治的信念不坚定，在法治国家、法治社会建设过程中一出现问题、困难、矛盾，就动摇、止步不前，甚至退缩，法治国家、法治社会建设的目标就难有实现的希望。

法治国家建设之所以可成为推进法治执政党建设的促动力，其理由有二。其一，执政党对国家、社会的领导在很大程度上决定国家、社会的发展方向和发展模式。但是，执政党对国家、社会的领导并不是也不可能随心所欲地进行，它必然受国家现实政治、经济、文化及其制度的既成运作模式影响。一个国家，一旦经过执政党和人民共同努力，选择了法治的治理模式，伴随法治的模式、形态、制度架构、运作方式的初步形成，人民便会在此过程中逐步产生对法治的信仰和依赖。这种情况不能不反过来影响执政党的执政方式和推进执政党依法执政，促进执政党自身的法治化建设。其二，执政党的党员和领导者均生活在社会之中而不是生活在真空之中，从而其思想和行为不能不受社会的影响，一个国度或地区，其治理方式如果已经法治化或初步法治化，这种法治化不可能不对执政党的党员和领导者个人的思想和行为方式产生影响。执政党的全体或绝大多数党员、领导者如果都具有了一定的法治理念，对法治有了一定信仰，就自然会影响整个执政党的执政风格。在这种情况下，即使个别或少数党员、领导者，想弃法治而行人治、专制，其行为、政策也会在很大程度上受到党内和社会的有形或无形的抵制、反对。因此，法治国家和法治社会一旦形成，任何个人、组织，即使是执政党，想改变它、扭转它的方向，都不是一件容易的事情。由此可见，执政党领导人民建设法治国家、法治社会，法治国家和法治社会反过来又会促进执政党的法治化，促进法治执政党的建设。这是一个互动的过程、互动的关系。

关于法治国家与法治中国、法治政府、法治社会、法治执政党的联系与区别有如前述。如果我们从地域意义上界定"法治国家"，我们可以将法治国家与法治中国等同起来，法治国家可以包括法治政府、法治社会和法治执政党。对此种意义"法治国家"的内涵，我们可以从中共十八大报告提出的我国建设和发展"五位一体"总体布局的层面和角度予以阐释和解读。中共十八大报告指出:"必须更加自觉地把全面协调可持续作为深入贯彻落实科学发展观的基本要求,全面落实经济建设、政治建设、文化建设、社会建设、生态文明建设五位一体总体布局,促进现代化建设各方面相协调,不断开拓生产发展、生活富裕、生态良好的文明发展道路。"毫无疑问,我们要建设法治国家,不能离开我国建设和发展这个"五位一体"的总体布局,必须将法治贯穿于"五位一体"的总体布局之中,即贯穿于经济建设、政治建设、文化建设、社会建设、生态文明建设之中。这也就是说,我们只有在推进经济建设、政治建设、文化建设、社会建设、生态文明建设的过程中重视法治,加强法治,以法治指导、规范、促进和保障经济、政治、文化、社会和生态文明的建设,进而实现法治经济、法治政治、法治文化、法治社会、法治生态文明的协调统一,才能实现法治国家的整体目标。

因此,我们要全面、正确认识和理解法治中国,进而建设法治国家,就必须全面、正确把握作为法治国家"五位一体"构成要素的法治经济、法治政治、法治文化、法治社会、法治生态文明的具体标准和要求。

法治经济的具体标准和要求主要包括两个方面:一是政府依法管理经济;二是从事经济活动的组织、个人依法进行经济活动。要保障政府依法管理经济,就必须以法律限制政府干预经济、管理经济的权力和手段,以法律规范政府调控经济、规制市场的方式和程序,减少、压缩,乃至消除政府违法、恣意干预经济主体经济活动的空间,防止和尽量避免政府侵犯经济主体的合法权益并在政府违法干预和侵权时,为被干预、被侵权者提供有效的救济途径。要保障从事经济活动的组织、个人依法进行经济活动,就要求国家为经济活动和市场交易提供完善的法律规范,特别是民商事法律规范,并要求从事经济活动的组织、个人严格守法，诚信经营，对不正当竞争和以假冒伪劣产品侵犯消费者权益的行为予以严厉惩治，通过严格执法来维护市场经济秩序。

法治政治的具体标准和要求主要包括三个方面：一是执政党依法执政；二是政府依法行政；三是公民依法参与国家管理。要推进执政党依法执政，就必须建立和完善保障执政党在宪法和法律范围内活动的体制、机制和制度；要通过法律明确党与人民代表机关、政府、司法机关的关系；正确处理党对国家的领导与党的各级机关及其领导人接受法律监督的关系；保证党的决策、执政行为透明；党内腐败和滥用权力行为能依法得到追究。要促进政府依法行政，就必须健全、完善控制政府权力范围、边界，规范政府权力行使的行政组织、行政程序、行政法制监督和问责的法律制度；加强人大对政府财政、政策和政府组成人员依法行使职权的监督，以及人民法院对政府及其工作部门行政行为合法性的司法审查；推进政府的廉政、勤政建设。要保障公民依法参与国家管理，则必须推进政治体制改革和行政管理体制改革，使公民在国家政治生活中真正享有知情权、表达权、参与权和监督权，逐步扩大票决民主和发展协商民主。

法治文化的具体标准和要求主要包括两个方面：一是在国家意识形态和国民观念中培植法治精神和法治理念；二是在促进国家文化产业建设中加强相应法律规范。要在国家意识形态和国民观念中培植法治精神和法治理念，必须加强法治宣传和法治教育，让法治精神和法治理念进教材、进课堂、进广播电影电视、进文学作品，从而潜移默化地影响国民的思想、观念和行为方式。要推进国家文化产业建设的法治化，则必须通过加强文化立法和执法，发展和促进国家文化产业建设，规范文化产业建设的行为和企业、组织、个人的文化活动。

法治社会的具体标准和要求主要包括三个方面：一是依法推进国家公权力向社会转移；二是依法保护社会组织、团体的权利，规范社会组织、团体的活动；三是依法推进社会管理创新。要依法推进国家公权力向社会的转移，必须坚持"三个凡是"的原则：凡是个人能够自主决定的事项，国家公权力不要越俎代庖；凡是市场能够有效调节的事项，国家公权力不要干预；凡是社会能够自律管理的事项，国家公权力不要包揽取代。国家应保障公民的结社自由，培植和发展更多的社会组织、团体，形成大社会、小政府的机制。要依法保护社会组织、团体的权利，规范社会组织、团体的活动，则必须制定社团法，在社团的建立、运作和监督、管理上做到有法可依；此外，还必须健全完善社团组织的自律机制，通过软法规范社团的活动和行为。要依法推进社会管理创新，则既要建立健全激励和促进社会管理创新的体制、机制，调动管理者与被管理者参与创新的主动性和积极性，又要正确处理创新和依法的关系，创新要在法律的指导下进行，创新不能突破法律的基本原则和基本制度界限。

法治生态文明的具体标准和要求也主要包括三个方面：一是国家建立严格的环境、生态保护法律标准；二是国民形成强烈的环境、生态保护法律意识；三是政府建立严格的环境、生态保护执法制度。国家要建立严格的环境、生态保护法律标准，就必须修改、完善我国现行的各种环境、生态保护法，提高保护标准和改进保护措施，使之和人与自然可持续发展的需要相适应。要使国民形成强烈的环境、生态保护法律意识，则必须加强环境、生态保护法律的宣传、教育，特别是通过环境污染危害性的实例宣传、教育，使国民认识环境保护的重要性和迫切性，提高环保自律和他律的主动性、积极性。要推进政府建立严格的环境、生态保护执法制度，则必须通过立法和修法建立两种严格的责任追究制度：一是对环境污染者的严格责任追究制度，要保障政府环保机关惩治环境污染者和环境污染行为有法可依，有严法可依；二是对政府环保机关及其公职人员的严格责任追究制度，保障监督机关对失职、渎职的政府环保机关及其公职人员问责有法可依，有严法可依。

  经济建设、政治建设、文化建设、社会建设、生态文明建设全面、协调推进，是中国科学发展和可持续发展的必要保障，法治经济、法治政治、法治文化、法治社会、法治生态文明全面、协调推进，则是建设法治国家，实现法治中国梦的必备条件。

姜明安

2016 年春

第一编
依法治国与建设法治国家

实行依法治国，建设社会主义法治国家[*]

李步云[**]

1978年党的十一届三中全会以来，实行依法治国，已经成为我们党和国家的一项基本方针，成为建设富强、民主、文明的社会主义现代化国家的一个重要目标。十多年来，通过加强民主与健全法制的一系列重大举措，我们正在朝着建设社会主义法治国家的方向前进。现在笔者就这一问题的理论和实践谈一些个人的认识。

一 依法治国的科学含义、理论依据和历史发展

依法治国（或"以法治国""法治"）作为一项治理国家的基本方针，一个具有全局意义的重要口号和目标，已被正式记载在党和国家的一些重要文件中。1979年中共中央《关于坚决保证刑法、刑事诉讼法切实实施的指示》指出，法律"能否严格执行，是衡量我国是否实行社会主义法治的重要标志"。后来，其他一些党和国家的重要文件以及不少中央领导同志的讲话或题词，都曾使用"依法治国"（或"以法治国"）这一概念和口号。由于这是十一届三中全会以后一个新的提法，一项新的重要方针，人们自然会提出这样那样的问题。如"法治"的确切含义究竟是什么？主张"依法治国"有没有片面性或者是不是一种超阶级的观点？实行依法治国的理论依据在哪里？邓小平同志说：

---

[*] 本文在写作中曾得到张志铭、谢鹏程、张恒山、陈贵民、谢兴权等同志的帮助，特此鸣谢。
[**] 李步云，中国社会科学院荣誉学部委员，研究员。

"要通过改革，处理好法治和人治的关系，处理好党和政府的关系。"① 应当怎样正确认识他在这里提出的问题？怎样理解邓小平同志在实行依法治国方针的理论根据上所做的全面而深刻的分析，以及他提出的实行依法治国的一整套原理原则？所有这些，直到现在，不仅在理论界还存在一些意见分歧，在广大干部中也有各种不同看法甚至疑虑。这就需要我们从理论与实践的结合上对此做出更深入的研究和探讨。

我国法学界在1979年至1982年曾就法治与人治问题开展过一场学术争鸣。当时出现过三种明显不同的观点：要法治，不要人治；法治与人治应当结合；法治概念不科学，必须抛弃。人们简称为"法治论"、"结合论"和"取消论"。"结合论"认为，"徒法不足以自行"，法是人制定的，也要人去执行；我们既要重视法的作用，也要重视人的作用。这就好比法是"武器"，人是"战士"，只有人和武器相结合，才能产生出战斗力。我们认为这种理解不符合法治与人治的原意，不应当简单地在"法治"与"法的作用"、"人治"与"人的作用"之间画等号。法治与人治既是一种对立的治国理论，也是一种不同的治国原则和方法。作为治国理论的"法治论"认为，一个国家的长治久安和兴旺发达，主要应依靠建立一个完善的法律制度，而不是国家领导人的贤明。"法治论"并不否认领导人的作用，只是认为，国家长治久安的关键在于建立一个完善的法律制度并加以贯彻实施。"人治论"的主张则与此完全相反。它认为，国家长治久安和兴旺发达的关键不在于有完善的法律制度，而在于有贤明的国家领导人。作为一种治国原则，法治要求法律具有至高无上的权威，任何组织和个人不能凌驾于法律之上，都要严格依法办事。"人治论"则相反，它主张或默认组织和个人的权威高于法律的权威，权大于法。主张"法治"，并不否定领导人的作用和权威。例如，现今美国，被认为是一个法治国家，但总统的权力却很大，以致有人戏称，美国总统除了不能生孩

---

① 《邓小平文选》第3卷，人民出版社，1993，第177页。

子，什么事情都可以做。由于美国和日本这样的国家建立了比较完备并富有权威的法律，因而尼克松下台、阿格纽判刑、田中受审，都丝毫没有影响这些国家和社会的稳定。

法治同任何概念一样，有自己特定的科学内涵、社会作用和适用范围，它并不排斥我们国家还可以有其他的口号和方针，如"坚持四项基本原则""改革开放""科教兴国"等。我们说实行法治能保证国家长治久安，并不否定道德教化、行政手段等的作用。法治作为一种治国的方法，资本主义社会可以用，社会主义社会也可以用。法律的内容和法治的原则情况有所不同：它们既包含人类共同的道德价值，是人类共同创造的文明成果，因而是没有阶级性的；同时它们也反映和体现了不同阶级的利益和意志，所以又是有阶级性的。我们要建立的是社会主义法治国家。我们的法律具有社会主义的性质，这种法律制度所赖以建立并为其服务的经济基础是以公有制为主体，以保证生产力高速发展和人民共同富裕为目的，我们国家的根本制度是以人民当家作主为本质特征的人民代表大会制度，国家的领导权是由共产党执掌，这就能保证我国社会发展的正确方向，就能保障广大人民的根本利益，就同资产阶级法治国家有着本质的区别。

法治与人治这两种不同的治国理论、原则的对立与论争，在中外历史上已经存在了几千年。古希腊的柏拉图是主张人治的，即所谓"贤人政治"。他指出："除非哲学家成为国王……国家就不会解脱灾难，得到安宁。"在他看来，政治好比医学，统治者好比医生，被统治者好比病人，只要有个好医生，就能把病人治好。如果强调运用法律治理国家，就会把哲学家的手束缚住，就好比让一个高明的医生硬要依照教科书去看病一样。亚里士多德不同意他的老师柏拉图的看法。[①] 在回答"由最好的一人或由最好的法律统治哪一方面较为有

---

① 〔古希腊〕亚里士多德：《政治学》，吴寿彭译，商务印书馆，1965，第162页。

利"① 这个问题时，亚里士多德认为"法治应当优于一人之治"。② 其理由如下。（1）法律是由许多人制定出来的，多数人的判断总比一个人的判断要可靠。他说："大泽水多则不朽，小池水少则易朽。多数群众也比少数人不易腐败。"③（2）人难免感情用事，实行人治易出偏私。他说："凡是不凭感情因素治事的统治者总比感情用事的人们较为优良，法律恰正是全没有感情的。"④（3）实行法治可以反对专横与特权。他说，"为政最重要的一个规律是：一切政体都应订立法制……使执政和属官不能假借公职，营求私利"和"取得特殊的权力"。⑤（4）法律有稳定性和连续性的特点，并不因领导人的去留而任意改变。法治可以防止因君主继承人的庸才而危害国家。（5）法律比较原则，但不能成为实行人治的理由。他说："主张法治的人并不想抹杀人们的智慧。他们认为这种审议与其寄托一人，毋宁交给众人。"⑥ 作为治国的原则，亚里士多德提出："法治应包含两重意义：已成立的法律获得普遍的服从，而大家所服从的法律又应该本身是制定得良好的法律。"⑦ 这同柏拉图主张的国王的命令就是法律，他可以不按法律办事，是有原则区别的。在西方，亚里士多德是第一个系统阐述法治理论的人。他的观点反映了当时中小奴隶主阶级的利益，是进步的。而柏拉图的看法代表着奴隶主贵族的利益，是落后的。

我国春秋战国时期，法家主张法治，儒家主张人治。儒家讲的"礼治""德治"，实际上是"人治"。作为治国的理论，儒家认为，

---

① 〔古希腊〕亚里士多德：《政治学》，吴寿彭译，商务印书馆，1965，第167页。
② 〔古希腊〕亚里士多德：《政治学》，吴寿彭译，商务印书馆，1965，第167页。
③ 〔古希腊〕亚里士多德：《政治学》，吴寿彭译，商务印书馆，1965，第165页。
④ 〔古希腊〕亚里士多德：《政治学》，吴寿彭译，商务印书馆，1965，第163页。
⑤ 〔古希腊〕亚里士多德：《政治学》，吴寿彭译，商务印书馆，1965，第269页。
⑥ 〔古希腊〕亚里士多德：《政治学》，吴寿彭译，商务印书馆，1965，第171页。
⑦ 〔古希腊〕亚里士多德：《政治学》，吴寿彭译，商务印书馆，1965，第199页。

"为政在人","其人存,则其政举,其人亡,则其政息"。① 法家反对这种看法,认为国家的治乱兴衰,关键的因素不是君主是否英明,而是法律制度的有无与好坏。其主要理由如下。(1) 所谓"圣人之治",是一人之治,治国方略来自他个人的内心;而"圣法之治",则是众人之治,治国方略来自事物本来的道理。② (2) 所谓人治,也即心治。"赏罚从君心出",是"以心裁轻重",结果必然造成"同功殊赏"和"同罪殊罚"③ 的不良后果。(3) 尧舜这样的圣人,上千年才出现一个。把国家治理的希望完全寄托在这样的圣人身上,那在很长时期里国家都会处于混乱中。④ (4) 即使出现像尧舜那样的圣主贤君,如果办事没有准绳而全凭心治,国家也治理不好。而一个只有中等才能的国君,只要"以法治国",也能够治理好国家。⑤ 正是基于这种理论认识上的对立,儒法两家对法的态度完全不一样。儒家主张"道之以德,齐之以礼",反对铸刑鼎。⑥ 儒家要求用西周的"礼"来定亲疏,决嫌疑,别异同,明是非。⑦ 它强调"刑不上大夫,礼不下庶人"。法家则主张公布成文法,强调"刑无等级","君臣上下贵贱皆从法"。⑧ 虽然儒家的民本思想可以继承,法家的严刑峻法需要抛弃,儒法两家都主张君主专制主义,但是在当时的历史条件下,法家的法治主张代表着新兴地主阶级的利益,反映了他们的改革希望,适应了社会发展的要求;儒家的人治主张则反映了没落奴隶主贵族维护旧制度的愿望,阻碍了社会的进步。

建立在民主基础上的近代或现代意义上的法治,是资产阶级革命

---

① 《礼记·中庸》。
② 《慎人·君人》。
③ 《韩非子·六反》。
④ 《韩非子·难势》。
⑤ 《韩非子·用人》。
⑥ 《左传·昭公二十年》。
⑦ 《礼记·曲礼》。
⑧ 《管子·经法》。

的产物。在西方，法治作为一种理论，反映在资产阶级启蒙思想家的著作中；作为一种社会实践，体现为西方法治国家的一些制度和原则。资产阶级法治的对立面是封建君主专制主义的人治。英国的詹姆斯一世说，国王在人民之上，在法律之上，只能服从上帝和自己的良心。对此，启蒙思想家们做了深刻的批判。孟德斯鸠说："专制政体是既无法律又无规章，由单独一个人按照一己的意志与反复无常的性情领导一切。"[①] 洛克说："使用绝对的专断权力，或不以确定的、经常有效的法律来进行统治，两者都是与社会和政府的目的不相符合的。"[②] 法治作为治国的原则，启蒙思想家所强调的是以下几点。（1）法律要有至高无上的权威。潘恩说："在专制政府中国王便是法律，同样的，在自由国家中法律便应该成为国王。"[③]（2）要摆正人民与政府的关系。罗伯斯比尔说："人民是主权者，政府是人民的创造物和所有物，社会服务人员是人民的公仆。"[④]（3）法律面前人人平等。洛克说："国家的法律应该是不论贫富、不论权贵和庄稼人，都一视同仁，并不因特殊情况而有出入。"[⑤]（4）立法、行政、司法三权要分立。孟德斯鸠认为："从事物的性质来说，要防止滥用权力，就必须以权力约束权力。"[⑥]

我国在从封建社会向近代资本主义发展演变的历史时期，一些杰出的思想家和政治家都曾对法治做过很多很好的论述。例如黄宗羲提出要以"天下之法"，取代"一家之法"。他认为"有治法而后有治人"，如果不打破"桎梏天下人之手足"的君主"一家之法"，虽有能治之人，也不能施展其聪明才智治理好国家。梁启超提出，立法是"立国之大本大源"，要以"多数人治"代替"少数人治"，必须讲

---

① 〔法〕孟德斯鸠：《论法的精神》上册，商务印书馆，1961，第8页，第129页。
② 〔英〕约翰·洛克：《政府论》下篇，商务印书馆，1987。
③ 〔美〕托马斯·潘恩：《常识》，商务印书馆，1981，第54页。
④ 〔法〕罗伯斯比尔：《革命法制与审判》，商务印书馆，1965，第138页。
⑤ 〔英〕约翰·洛克：《政府论》下篇，商务印书馆，1987，第58页。
⑥ 〔法〕孟德斯鸠：《论法的精神》上册，商务印书馆，1961，第54页。

"法治主义"。民主革命先行者孙中山先生也是以法治国的倡导者,他对儒家人治思想持批判态度。他说,"吾国昔为君主专制国家,因人而治,所谓一正君而天下定。数千年来,只求正君之道,不思长治之方",① 国家只能长期处于混乱。他认为军阀混战时期,"法律不能生效,民权无从保障,政治无由进行",原因就是"蔑法律而徇权势"。正是基于这一认识,他提出了一系列法治原则,如"凡事都是应该由人民作主","用人民来做皇帝"② 的"人民主权"原则,"只有以人就法,不可以法就人"③ 的依法办事原则,宪法和法律是"人民权利之保障书"④ 的人权保障原则,以及人民享有选举、罢免、创制、复决四大权利的"以权利制约权力"和五权分立的"以权力制约权力"的原则,等等。由于后来蒋介石完全背离了孙中山提出的这些思想和原则,搞个人专制独裁,残酷压迫人民,政治极端腐败,他的统治被人民革命所推翻,是一种必然的结局。中国近代一些进步思想家、政治家的法治思想,是属于资产阶级法治思想的范畴,在中国历史上起过进步作用。

二百多年来,经过漫长的发展过程,现在不少西方发达资本主义国家已经逐步建立起自己的法治国,并凭借这一基本条件,保证了政治与社会的长期相对稳定,促进了经济的发展。马克思、恩格斯等无产阶级革命领袖,从维护广大劳动人民利益和争取人类解放的根本立场出发,运用辩证唯物论与历史唯物论原理,曾对资产阶级的民主、自由、人权与法治进行过深刻的批判,揭示了它们的历史的和阶级的局限性,同时也肯定了它们在人类发展史上的历史必然性与进步意义。例如,恩格斯在批判资产阶级"法治国"时,主要是揭露它在理论上和实践上处于惊人的矛盾中,对资产阶级有其真实性的一面,对

---

① 《孙中山全集》第 4 卷,中华书局,1985,第 285 页。
② 《孙中山全集》第 9 卷,中华书局,1986,第 325 页。
③ 《孙中山全集》第 4 卷,中华书局,1985,第 444 页。
④ 《孙中山全集》第 5 卷,中华书局,1985,第 319 页。

劳动人民又有其虚假性、欺骗性的一面。

　　无产阶级领导的社会主义革命和建设是人类历史上一场最广泛、最深刻、最伟大的社会变革。正是由于这个原因,已经取得革命胜利的社会主义国家,在经济、政治、文化、法律等具体制度的建设和党领导人民治理国家的方针、原则的确立与方式、方法的选择上,必然经历一个长期的实践过程。在依法治国这一问题上也是如此。过去,在一些社会主义国家里,都制定有社会主义的法律,它们在保证社会改革与经济、政治、文化的建设上发挥了一定的积极作用。但是,由于各种复杂的原因,在是否实行社会主义法治的思想理论与指导方针上,在确立与实施依法治国应当具有的一系列重要原则上,又存在着严重的缺陷,以致发生了不应当存在和本来可以避免出现的种种严重问题。

　　我国在新中国成立到"文化大革命"前的时期里,政治协商会议共同纲领、1954年宪法以及其他法律的制定和实施,对我国当时的革命和建设所取得的举世瞩目的成就,曾经起过重要的保障作用。但是,由于经济与政治体制上权力的过分集中,党的八大后仍然执行"以阶级斗争为纲"的政治路线以及其他一些历史的、思想的主客观原因,我们也并没有充分认识民主与法制建设的重要意义,甚至在某种程度上存在过法律虚无主义的思想倾向,普遍存在过权大于法,办事依人不依法、依言不依法的局面。这种状况直到党的十一届三中全会以后才有了根本性转变。

　　邓小平同志在总结国际共产主义运动和我国革命与建设正反两方面经验的基础上,最早提出依法治国的思想和原则,并在理论上做了全面和深刻的论述。他在十一届三中全会上的讲话中说:"为了保障人民民主,必须加强法制。必须使民主制度化、法律化,使这种制度和法律不因领导人的改变而改变,不因领导人的看法和注意力的改变而改变。现在的问题是法律很不完备,很多法律还没有制定出来。往往把领导人说的话当做法,不赞成领导人说的话就叫做'违法',领导人的话改变了,'法'也就跟着改变。"① 在 1980 年《党和国家领导制度的改革》一文中,他又指出:"我们过去发生的各种错误,固然与某些领导人的思想、作风有关,但是组织制度、工作制度方面的问题更重要。这些方面的制度好可以使坏人无法继续横行,制度不好可以使好人无法充分做好事,甚至会走向反面。"② 邓小平同志的这些精辟分析,集中到一点就是:只有实行依法治国,我们的国家才能长治久安和兴旺发达。这些论述是邓小平同志全部民主与法制思想的精髓,也是我们的党和国家实行依法治国方针的理论依据。在社会主义制度下,把民主与法制对治国安邦的历史作用提到这样的高度,以及邓小平同志为在社会主义制度下实行依法治国、建立法治国家所设计出来的宏伟蓝图,在国际共运和我们党的历史上还从来没有过。这是对马克思主义的创造性发展。

在社会主义制度下,实行依法治国,建立法治国家,是社会主义的本质要求,是社会发展的必然产物,是人类文明进步的重要标志。它的出现具有历史的必然性,而不是某个人或某些人臆想的结果。社会主义法制有它自身的经济基础和政治基础。依据经济基础与上层建筑相互关系的原理,我国以公有制为主体的市场经济,决定着我国法律的内容及与其相关的各种制度的性质。同时也必然要求社会主义法制为它的建立、巩固和发展服务。社会主义市场经济主体的独立性、自主性、平等性以及竞争性,要求法律为其起引导、规范、调整、制约、保障作用,这就决定了它只能是法治经济而不是人治经济。我们是中华人民共和国,人民是国体,共和是政体(具体形式是人民代表大会制度)。人民民主专政国家在本质上是民主的,是真正由人民当家作主还是资产阶级实际掌握政权,这是社会主义国家在政治上同资本主义国家的根本区别所在。我们有 12 亿人口,这么多人怎么当家作

---

① 《邓小平文选》第 2 卷,人民出版社,1994,第 146 页。
② 《邓小平文选》第 2 卷,人民出版社,1994,第 333 页。

主？根本的办法就是通过行使选举权产生国家权力机关，制定与实施体现人民意志和利益的法律，并通过参政、议政、监督等权利，参与法律的制定和实施。人民通过宪法和法律赋予国家机构及各级领导人员以各种职权，他们既不能失职，也不许越权，任何国家机关、政党、社会组织和个人都必须遵守宪法和法律。因此，实行依法治国是社会主义市场经济与民主政治的必然要求。我们奋斗的总目标是建立一个"富强、民主、文明的社会主义现代化国家"。"富强"指物质文明——社会生产力与人民生活水平有极大提高。这里所说"文明"特指精神文明——公民有很高的道德与文化水准，国家有高度发展的文化教育事业。"民主"指制度文明——民主制度与法律制度能充分地反映人民的利益与意志，能真实地体现人民当家作主，能切实地实现公民应当享有的各项权利。实行社会主义法治，既是现代文明的重要内容，也是现代文明的基本保障。它是以往人类法制文明的合乎规律的继承和发展，是当代法制文明的最高成就。

二　社会主义法治国家的主要标志和若干原则

西方发达资本主义国家在取得革命胜利以后，经历了一个漫长过程，通过宪法和法律的一系列具体规定，已逐步建立起比较完备的法律制度。实行法治的必要性和重要性在很多国家的政治家和学者中已经达成一定程度的共识，在国际范围内也已被公认为一项基本的原则。美国马萨诸塞州宪法规定，该州政府是"法治政府而不是人治政府"。《世界人权宣言》的序言规定"人权受法治的保护"。

由于这种情况，在当代西方一些发达资本主义国家中，学者们讨论的热点是"法治"究竟包括哪些原则和具体内容；政治家们关注的是如何实施法治。英国学者戴雪认为，法治有三项标准法律具有至尊性，反对专制与特权，否定政府有广泛的自由裁量权；法律面前人人平等，首相同邮差一样要严格遵守法律；不是宪法赋予个人权利与自由，而是个人权利产生宪法。① 美国教授富勒曾提出过法治的八项原则，它们是：法律的一般性、法律要公布、不溯及既往、法律要明确、避免法律中的矛盾、法律不应要求不可能实现的事、法律要有稳定性、官方的行动要与法律一致。② 1959 年在印度新德里召开的国际法学会议的主要议题是法治。其主题报告曾征询过 75000 名法学家及 30 个国家法学研究机构的意见。会议形成的《德里宣言》把法治原则归结为四个方面。①立法机关的职能是创造和维持个人尊严得到维护的各种条件，并使"人权宣言"中的原则得到实施。②法治原则不仅要防范行政权力的滥用，也需要有一个有效的政府来维持法律秩序，但赋予行政机关以委任立法权要有限度，它不能取消基本人权。③要求有正当的刑事程序，充分保障被告辩护权、受公开审判权，取消不人道和过度处罚。④司法独立和律师自由。司法独立是实现法治的先决条件，法律之门对贫富者平等地开放，等等。

邓小平同志根据马克思主义的基本原则，特别总结了社会主义革命和建设的实践经验，为在我国实现依法治国提出了一整套原则。深刻理解他所提出的各项原则并具体研究与探讨我国实际生活中存在的一些观念更新与制度改革方面的问题，以逐步建设有中国特色的社会主义法治国家，是我们面临的一个重要课题。概括起来，在我国建设社会主义法治国家，主要应具有以下一些原则与内容。

（一）要建立一个部门齐全、结构严谨、内部和谐、体例科学的完备的法律体系；这种法律应当充分体现社会主义的价值取向和现代法律的基本精神

"部门齐全"是指，凡是社会生活需要法律做出规范和调整的领域，都应制定相应的法律、行政法规、地方性法规和各种规章，从而形成一张疏而不漏的法网，使各方面都能"有法可依"。现在中央和

---

① 戴雪：《英宪精义》，雷宾南译，商务印书馆，1935，第 284～285 页。
② Lon L. Fuller, *The Morality of Law*, Yale University Press, p. 39.

地方都制定有以市场经济法律体系为中心的立法规划。有的同志认为，现在立法主要不是速度，而是质量。这个问题虽然值得注意，但是邓小平同志提出的"有比没有好""快搞比慢搞好"的指导思想完全符合我国今天的实际，仍然必须坚持。只要我们加强计划性，注意上下沟通，充分调动各方面的积极性与人力资源，我们就可以把立法速度与质量统一起来。也有同志提出，现在不是法律少，而是法律得不到严格执行与遵守。这是一种糊涂认识。法的执行与遵守不理想有多种原因，需要综合治理，它同法的多少没有什么必然联系。我们现在根本不存在西方有些国家法律过于庞杂烦琐的情况。

　　法的"结构严谨"是指法律部门彼此之间、法律效力等级之间、实体法与程序法之间，应做到成龙配套、界限分明、彼此衔接。例如，宪法的不少原则规定需要有法律法规使其具体化和法律化，否则宪法的某些规定就会形同虚设，影响宪法的作用和权威。又如，从宪法、基本法律和行政法规直到省会市、国务院批准的较大市制定的地方性法规和政府规章，是一个法的效力等级体系，上位法与下位法的关系和界限必须清楚。这方面也有一些问题需要解决。省级地方法规与部委规章哪个效力高？出现矛盾怎么办？看法就不一致。立法权限的划分也有这个问题，包括中央究竟有哪些专属立法权，但地方不能搞，哪些是中央与地方所共有。省级人大与省政府之间以及中央和省级人大会议与它的常委会之间，其立法权的界限也不是很清楚。

　　法的"内部和谐"是指法的各个部门、各种规范之间要和谐一致，前后左右不应彼此重复和相互矛盾。现在地方立法相互攀比、重复立法的现象比较严重。有的实施细则几十条，新的内容只有几条。既浪费人力物力，也影响上位法的权威。应当是有几条规定几条，用一定形式加以公布就可以了。法律规定彼此之间相互矛盾的情况时有发生，我们也还缺乏一种监督机制来处理这种法律冲突。最高人民法院在法律适用中做过大量法律解释，起到了很好的作用，但由于法律解释制度过于原则，最高人民法院的个别解释存在改变法律规定的情况，这是不得已而为之。法律都是比较概括的、原则的，而社会生活却是复杂多变的，这就要求进一步完善和丰富我国的法律解释制度。

法的"体例科学"是指法的名称要规范，以便执法与守法的人一看名称就知道它的效力等级；法的用语、法的公布与生效等也都需要进一步加以规范。以上这些问题需要通过我们将要制定的立法法加以解决。

我们的法律应当充分体现和反映社会主义的价值观念。法是社会关系的调节器，它通过自身固有的规范、指引、统一、评价、预测、教育及惩戒等功能，来认可、调节乃至新创种种社会关系，这是法的独特作用。任何社会关系实际上都是一种利益关系。因此，以一定的伦理道德观念来处理与调整个人与个人之间、集体与集体之间和国家、集体与个人之间的利益追求、分配与享有，是所有法律的共同本质。兼顾国家、集体与个人的利益，使其协调发展，是我们党的一贯主张。现在，部门立法较为普遍，部门之间争权夺利，或只考虑部门利益而不顾整体利益的现象是比较严重的。可以考虑的解决办法是，法律起草的主管单位，应当主要由中央与省级立法机构（包括专门委员会和法制工作机构）负责；法的起草小组应有各方面的人士参加，有条件的还可以专门委托法律专家或其他方面专家组成小组负责法的起草。

"和平与发展"是当今时代的主旋律。邓小平同志对时代精神这一精辟的高度概括，已得到国际上的普遍认同和高度评价。我们这个时代也是一个权利受到空前尊重的时代。法律关系是一种权利义务关系，从这个意义上说，法学也可以被称为"权利之学"。从宪法所规定的公民基本权利与义务到各种实体法和程序法，特别是以民法、商法和经济法为主要内容的市场经济法律体系，无不以权利的保障作为中心和出发点。权利与义务不可分，但是在各种法律关系中，权利应处于主导地位。法的目的应当是为全人类谋利益。权利是目的，义务是手段，权利是义务存在的根据和意义，法律设定义务就在于保障人们的人身人格权利、经济社会文化权利、政治权利与自由。现代法的精神的一个重要内容应当是以权利的保障作为基础和中心环节。立法中，规定政府必要的管理、公民应尽的义务、权利行使的界限，都是必要的。但是立法的重心和它的基本出发点应当是保障权利。现在有些地方立法并没有完全贯彻这一精神，值得注意。

（二）社会主义法制应当建立在社会主义民主的基础上；要坚持社会主义法制的民主原则，实现民主的法制化与法制的民主化

邓小平同志说："没有民主就没有社会主义，就没有社会主义的现代化。"[①] 现代民主与现代法制的关系是十分密切的。概括地说，民主是法制的基础，法制是民主的保障。在我国，不建立人民当家作主的政权，也就不可能存在体现人民意志的法律；国家没有健全的民主体制和程序，法律就得不到贯彻实施而成一纸空文。如果民主缺少具有很大权威的法律做保障，它也很难实现，就会出现权大于法、一切都是个人说了算等弊端。

现代民主的精髓是"人民主权"原则。我国宪法规定"国家的一切权力属于人民"。我们在实际上真正做到了这一点，这是我们国家在政治上的最大优势。现代民主的内容主要包括四个方面：公民的民主权利、国家的民主体制（如执政党和其他政党的关系、执政党与国家机构的关系、国家机构的内部关系等）、政治运作的民主程序（如选举、决策、立法、司法等程序）和国家机关及其工作人员的民主方法。新中国成立后人们曾认为，既然我们已经建立起人民的政权，民主权利、民主体制及民主程序的问题就已经解决或基本解决。因此，在一个时期里，我们主要是强调干部要有民主作风，要走群众路线，不搞一言堂，等等。经过十年"文化大革命"，我们的认识有了一个

---

① 《邓小平文选》第 2 卷，人民出版社，1994，第 168 页。

根本的改变，开始认识到社会主义民主制度的建设要经历一个很长的历史过程，认识到民主主要不是方法问题而是制度问题。我们开始采取一系列措施，如制定刑法、民法、刑事诉讼法、民事诉讼法与行政诉讼法等一系列法律，来保障公民的民主权利；如完善人民代表大会制度和共产党领导的多党合作与政治协商制度以及选举制度、民族区域自治制度、监督制度、基层民主自治制度等，来完善民主体制与民主程序。这些都取得了长足的进步。过去，我们在政治上、体制上存在的主要弊端是权力过分集中。其具体表现是：在个人与领导集体的关系上，权力过分集中在个人；在党和国家机构与社会组织的关系上，权力过分集中在党；在中央与地方的关系上，权力过分集中在中央。17年来，我们政治体制改革的最大成就主要也是集体领导得到了加强，基本上克服了党政不分和以党代政的问题，地方有了很大的自主权力。但是，这方面的改革并未最后完成，它们仍然是以后各项具体制度改革中需要着重注意解决的问题。

正确认识和处理国家权力与公民权利的关系，是民主政治建设的一个重要问题。公民权利的内容非常广泛，主要包括人身人格权利，经济、社会、文化权利，政治权利与自由。其中生存权是首要人权。公民权利是一个国家里人权的法律化。人权是人依其自然属性和社会本质所应当享有和实际享有的权利。它是人作为人依据人的尊严和人格（做人的资格）所理应享有的，而不是任何国家、政党、个人或法律所赋予的。人民组成国家，制定法律，其唯一目的是为人民谋利益，是创造条件（主要是发展生产力）和采取措施（主要是法律的制定和实施）来实现公民的权利。人民通过宪法和法律赋予国家机关和领导人员以权力，这既是一种授权，也是一种限权，既不允许越权也不允许滥用权力。因此，是公民权利产生国家权力，权利是目的，权力是手段，人民是主人，国家工作人员是公仆。1982年宪法改变了过去的做法，把"公民的基本权利和义务"一章放在总纲之后、国家机构之前，也正是基于这样的认识和指导思想。彻底实现人的全面解放、人的全面自由发展，全面满足人要求享有物质文明、精神文明与制度文明的需要，这是社会主义实践的中心内容，也是社会主义的最终目的。因此，马克思主义者最有资格讲人权。社会主义制度是人权能够得到最彻底实现的制度，社会主义民主是人类历史上最高类型的民主。

"民主法制化"是指社会主义民主的各个方面，它的全部内容，都要运用法律加以确认和保障，使其具有稳定性、连续性和极大的权威性，不因领导人的更迭和领导人认识的改变而改变。民主制度的建设是一个发展过程，法律可以也应当为民主制度的改革服务。党政各级领导以及广大人民群众在实践中创造的民主的新的内容与新的形式，只有用法律和制度确认与固定下来，民主才能不断丰富和发展。民主的法律化、制度化包括两层含义、两种作用。法制对公民权利的确认，既保证它不受侵犯，也防止它被人们滥用。法律赋予各级领导人员以种种权力，既保证这种权力的充分行使，也限制他们的越权和对权力的滥用。邓小平同志反复强调的民主与法制不可分离，民主要法制化，既反对专制主义，也反对无政府主义。

"法制的民主化"是指法律以及相关的立法、司法、执法等方面的制度，都要体现民主精神和原则。这是保障我国法律具有社会主义性质和实现法制现代化的基本标志和重要条件。在这方面，我们已经建立起比较完备的充分体现民主的体制，但在具体制度上还有待进一步健全和加强。例如，在立法中，需要调动中央和地方两方面的积极性；法律起草小组要有各方面人员包括专家参加；法在起草过程中要广泛和反复征求各方面人士、利害相对人和群众的意见，举行必要的专家论证会；要让人大代表或常委会成员提前得到法律草案及各种资料以使他们有足够时间为审议法律草案做准备；审议法律草案时除小组会、联组会以外，还要在全体会议上进行必要的和充分的辩论，修正案的提出、讨论和审议需要有具体的程序，省级（自治区除外）人大立法不能全由常委会通过而大会从不讨论制定地方性法规，规章的制定也不能只是某一市长或副市长签字而不经领导集体讨论就公布生效，等等。所有这些都还有待进一步完善。民主立法既是社会主义的本质要求，也是科学立法、提高立法质量的保证。司法和执法中的民主原则，也都需要通过不断提高思想认识和进行具体制度的改革逐步完善。

（三）要树立法律至高无上的权威，任何组织和个人都必须严格依法办事

在社会主义制度下，"法律至上"就是人民意志至上，法的权威至上。古往今来讲法治，往往把这一条作为必备的基本标志。道理很简单，法得不到严格执行和遵守，等于一张废纸。邓小平同志多次讲："我们要在全国坚决实行这样一些原则：有法必依，执法必严，违法必究，在法律面前人人平等。"[①] 现在群众对法制议论和担心较多的就是法还得不到严格执行和遵守。形成这种状况的原因是多方面的，解决办法必须是综合治理。

党的各级组织和各级领导人及广大党员模范地遵守法律，严格依法办事，对维护法律的权威与尊严具有非常重要的作用。这首先是由我们党处于执政党的地位所决定的，也同我们党内不少同志过去不大重视依法办事的传统和习惯有关。"党要在宪法和法律范围内活动"已经写进党章，其精神在现行宪法中也有明确规定。我们的法律是党的主张和人民意志的统一。党领导人民制定法律，也要领导广大干部和人民群众严格执行与遵守法律。这既是实现和保障人民利益的根本途径，是对人民意志的尊重，同时也是贯彻执行党的路线与政策的重要保障。这些道理，江泽民同志及其他领导同志已经讲得很全面、很深刻。下面只就党的政策与国家法律的关系谈一点看法。法律的制定和实施都要有党的政策做指导，这是一条原则。在西方也是这样，执

---

① 《邓小平文选》第 2 卷，人民出版社，1994，第 254 页。

政党的政策总要通过这样那样的途径贯彻到法律中去。但有些法理学教科书说"党的政策是法律的灵魂,法律是实现党的政策的工具",就不一定确切。党的政策和国家法律的灵魂都应当维护人民利益、实现社会主义理想、尊重客观规律;党的政策和国家法律都是建设社会主义的工具。把国家的法律概括为实现党的政策的工具,没有正确反映党和国家的关系,因为不是国家为党服务,而是党要为国家服务。党的政策和国家政策也应当有区别。除制定机关、表现形式不同外,党的政策是党的主张,国家政策则应是党的主张和人民意志的统一。问题主要在于,当党的政策转变为国家政策,特别是上升为国家法律时,要充分发扬民主,尊重党外人士意见,并要有一定制度和程序做保证。党外人士可以同意党的政策,可以提出修改意见,也可以不同意某些具体政策或提出某些新的政策和建议。这是正确处理党和国家关系中值得重视和研究的。十多年来,我们党一直是这样做的,但也不是所有党的干部都认识到了这一点。

政府依法行政是法治的重要环节,对维护法的权威和尊严意义重大。相对于立法和司法来说,行政具有自身的特点:内容丰富、涉及的领域广阔,工作具有连续性,是国家与公民打交道最多的领域。行政机关实行首长负责制,行政权还具有主动性。为了适应迅速多变的客观现实,行政权的行使还具有快速性和灵活性的特点。所有这些都使行政机关比较容易侵犯公民的权利。因此,行政必须受法律的限制和约束便显得尤其必要。依法行政应是我国行政机关的一项最根本的活动原则。我国已先后制定了《行政诉讼法》《行政复议条例》《国家公务员暂行条例》《国家赔偿法》,立法实践已经取得了长足进步。今后,行政领域立法任务仍然很重,如需制定《行政编制法》等,特别是《行政程序法》应优先考虑。但是,今后最根本的还是要采取各种综合性措施来保证行政机关依法行政。需要指出的是,"二战"以后行政权的扩大是一种世界性的趋势,行政负有促进社会全面进步的积极社会职能，在我国行政的作用更显重要。因此，我们一方面必须给予行政机关以充分的权力，加强执法力度；另一方面必须要求严格依法行政，防止和纠正行政机关违法行政，损害公民、法人或其他组织的合法权益。

经过多年努力，我们已经建立了一个有中国特色的、富有成效的法律监督体系。它的内容主要包括权力机关的监督、党的监督、专门机关（国家检察系统、行政监察系统、审计系统等）、政协民主党派和社会团体的监督、人民群众的监督和社会舆论的监督等。在国家机构各个组成部分（权力机关、行政机关、司法机关、军事机关）的内部也建立有上下左右之间的监督机制。这一监督体系对维护国家法律的统一和尊严，保证法律的切实实施，已经发挥了巨大的作用。这一法律监督体系的机制和功能现在还处于不断发展和完善的过程中。特别是权力机关作为四大主要职能之一的监督职能，从中央到地方，其机制、内容与形式近年来正在不断丰富和强化，取得了不少新的经验。今后的问题，一方面是要提高全党同志和广大干部的认识，加强各级党组织的领导作用，充分发挥现有各种法律监督制度的作用；另一方面，还需要进一步从制度上发展和完善我国的法律监督体系。从1982年宪法制定时开始一直到现在，法学界不少同志十分关注的一个问题是，我们是否需要建立宪法委员会或立法监督委员会，怎样建立和什么时候建立。现在有一种建议是，成立一个立法监督委员会，它的性质和地位同其他八个专门委员会一样，受全国人大及其常委会领导并对它们负责。它的职责主要是对现行法律法规是否同宪法和基本法律相抵触、对报送全国人大批准或备案的法律法规、对法规相互冲突提请的裁决、对宪法和法律的解释等事项，提出审查意见，报全国人大常委会做出决定。这一机构的建立有利于上述工作的加强。如果权衡利弊暂时不予考虑，也应当在现行体制内做出调整或采取其他措施来完善这一方面的制度。

法律面前人人平等是我国宪法的一项重要原则。我国现行的各项实体法和程序法也都贯彻和体现了这一原则。消灭阶级和剥削，在经济政治文化各个领域以及在法律上实现真正的平等，是社会主义最基本的价值和理想追求，坚持这一原则，也是维护法律权威的重要条件。由于党和国家的高度重视，这一原则在我国现实生活中有力地反对了各种特权思想和特权人物，维护了公民的权益，充分显示了社会主义制度的优越性。当然，由于历史传统及其他方面的原因，在实际生活中坚持"法律面前人人平等"原则，仍然是今后的一项重要任务。

（四）要进一步健全和完善司法体制和程序，切实保障案件审理的客观性和公正性

现代法治的一项重要原则是司法独立。这一原则已被现今各国宪法所普遍采用，在国际法律文献中，这也是其中的一项重要内容，如1985年联合国通过的《关于司法机关独立的基本原则》就是一例。司法独立在解放区的一些宪法性文件中就有明确规定。新中国成立后，除1975年、1978年宪法中这一原则被取消外，1954年宪法的规定是"人民法院独立审判，只服从法律"。1982年宪法的规定是："人民法院依照法律规定独立行使审判权，不受任何行政机关、社会组织和个人的干涉。"对检察院独立行使检察权也做了内容相同的规定。叶剑英同志关于起草1982年宪法的讲话以及代表中央精神的审判林、江反革命集团的《人民日报》特约评论员文章，也都强调了这一原则的重要性。这一原则的基本含义和意义主要是，司法机关审理案件不受外界干扰，以保证案件审理的客观性和公正性，做到以事实为根据，以法律为准绳。目前贯彻这一原则需要解决的主要问题有以下两个。(1) 要正确处理好加强党的领导和坚持司法独立的关系。党对司法工作的领导主要是路线、方针、政策的领导，是配备干部、教育和监督司法干部严格依法办事，但不宜参与和干预具体案件的审理。以前，检察院逮捕人，先要经同级党委批准；三年或五年刑期的案件，先要同级党委讨论同意后才能判决，在不少情况下还是"先批后审"。1979年中央64号文件明确宣布取消了这一制度。这是一项重大改革。我们的法院和检察院系统都是党组织在具体领导，法律又是党的主张和人民意志的统一，因此，法院、检察院依法独立行使职权，同党的领导并不矛盾。（2）现在地方保护主义很严重，是妨碍法院、检察院独立行使职权的重要原因。解决的办法是，首先要采取措施解决好两院的人权和财权问题，具体办法可以研究，但人权和财权不相对独立于地方，地方保护主义是难以解决的。其次是各级党组织和政府部门对下一级的地方保护主义采取坚决态度，支持两院抵制地方保护主义也很重要。这需要全党来抓才能奏效。再次是增强两院自身抵制地方保护主义的能力。这需要提高两院在国家政治生活中的地位或威望，提高两院干部的待遇，提高两院干部的素质，强化两院内部的监督机制。

提高执行各种程序法的严肃性是当前需要注意解决的一个重要问题。长期以来，我们对实体法的执行与适用是比较好的，但对程序法的执行和遵守却比较差，有些地方有的时候甚至是很不严肃、很不严格的。这有思想上和制度的原因。任何法律制度中都有程序法与其实体法相配合。实体法好比设计图纸，程序法则像工厂的工艺流程。没有后者，生产不出好的产品。马克思说过，审判程序是法律的生命形式，也是法律内部生命的表现。[①] 彭真同志也曾指出，在一定意义上，程序法比实体法还重要。过去人们往往把法律程序视为纯形式的东西，甚至看成形式主义，或者认为它束手束脚。实际上，错案的发生多数不是适用实体法不正确，而是由于程序法的执行不严或程序法本身不完善。现代西方国家对程序法的执行是相当重视和严肃的。我国的程序法涉及一系列民主原则和权利保护，应当更为重视程序法才

---

① 参见《马克思恩格斯全集》第1卷，人民出版社，1956，第178页。

对。我国三大程序法制定后，程序制度还在不断完善中。这次刑诉法的修改就前进了一大步，将会产生很好的影响。我们必须重视从认识上和制度上进一步解决这一方面的问题。

（五）建设现代法律文化是实现社会主义法治的重要内容和基础保证

邓小平同志指出："加强法律重要的是要进行教育，根本问题是教育人。"任何一种制度要想在实际生活中行之有效，取得预期的效果，就必须同民众的文化观念形成一种相互配合和彼此协调的关系，否则，再完善的制度也会在一种不相适应的文化氛围中发生扭曲甚至失去意义。建立社会主义法治国家，必须高度重视社会主义现代法律文化建设。法律文化反映了人们对法律的性质、法律在社会生活中的地位和作用以及其他各种法律问题的价值评判，并表现在人们从事法律活动的思维方法和实际作为模式中。建立社会主义现代法律文化，就是要建立与社会主义市场经济和民主政治建设的需要相适应的法律文化，就是要在人们中间形成符合社会主义法治根本要求的价值观念、法律思维方式和法律行为模式。法律文化的形成受制于特定的历史条件和现实条件。从中国实际出发，我们已经在建立社会主义现代法律文化方面取得了重要成就，但如何进一步加强法律文化建设，仍是我们面临的一个重要课题。

我们正在建立具有中国特色的先进的法学理论，并逐步为广大干部所掌握。要建立先进的社会主义法律制度，必须有先进的法学理论做指导。我们的法学理论是以马克思主义为指导，但是这种理论应当是运用马克思主义的世界观和方法论，从历史的尤其是现实法制建设的实践中得出应有的结论。因此，我们既要坚持马克思主义各种正确的结论和观点，又不能照抄照搬现成的词句。对于西方的法学理论要吸收其某些科学的、合理的成分和因素，不能照抄照搬那些并不科学或不符合中国国情的思想和原则。在这个问题上，邓小平同志坚持的实事求是的思想路线为法学研究树立了最好的榜样。在我国，各级领导干部，尤其是从事法律实际工作的同志，掌握先进的马克思主义法学理论极为重要，这是做好立法工作、司法工作及其他法律工作的重要保证。现在中央领导同志大力倡导的学习法律知识和理论的创举，对我国实行依法治国将会产生深远影响。

要继续开展普法宣传工作，不断提高广大公民的法律意识，以形成法治的良好的社会心理环境。自1985年以来，我国先后进行了"一五普法""二五普法"，现在司法部主管部门又在积极部署"三五普法"。据统计，仅"一五普法"，全国就有7亿多人参加了"十法一条例"的普法学习，其中县团级以上干部48万人，一般干部950万人。如此规模巨大的法律传播运动，在世界历史上也是罕见的。我国有12亿人口。如果我们把这一工作坚持开展下去，再经过几个五年，广大公民的法律意识将会发生根本的变化，并为我国建设社会主义法治国家提供最好的、最广泛的群众思想基础和最好的法律文化环境。

要继续深入开展依法治理工作。我国自1986年以来在普法教育基础上发展起来的"依法治市"活动，是一种很成功的实践。这种实践目前已在30个省、自治区、直辖市普遍推开。据统计，现在全国45%的地（市）、49%的县（市、区）正式开展了依法治理的工作，近50%的行政村开展了依法治村工作，其他广大基层单位以及各个行业也广泛开展了依法治理工作。"依法治市"以行政区域经济文化中心城市为纽带，把依法治国方针从中央推向各级地方和各行各业，从而形成了全方位的依法治理局面；它通过建立以党委为中心、各部门分工配合的组织体制，通过抓群众关心的"热点""难点"问题进行专项治理，通过实行部门执法责任制以及推动各级地方和各行业的建章立制工作，使法制教育与人们切身的法治实践生动地结合起来，从而为社会主义现代法律文化的建设提供了一个有利的法治环境。现在，像章丘那样好的典型越来越多。如果全国的大多数县市和基层都能像章丘那样，建立社会主义的法治国家就会大有希望。

要正确对待中国的传统法律文化。建立社会主义现代法律文化意味着对中国传统法律文化的超越，但这种超越是批判继承基础上的超越。中国传统法律文化有几千年的历史，它以自然经济为基础，其中所包含的专制主义思想、宗法伦理观念、等级特权思想以及人治思想，无疑与市场经济和民主法治所要求的现代法律文化相抵触和背离，必须抛弃。但是，我国古代也有很多好的东西，如注重道德教化，重视社会整体利益，强调人际关系的和谐以及人本主义、大同思想等，是可以也需加以批判地继承，为我国今天建设社会主义的法律文化服务。

建设社会主义法治国家，是一项艰巨长期的历史任务。它同我国的物质文明、精神文明和民主政治建设必然同步进行，并相互依存、相互影响、相互制约。我国的经济和文化发展水平还不高，法治国家建设涉及一系列观念的更新和制度的变革，其深度和广度都是前所未有的。我们的国家人口众多，幅员辽阔，情况复杂，经验的积累也需要一个过程。但是，社会主义制度有着强大的生命力，实行依法治国深得广大人民群众的拥护。因此，以邓小平同志建设有中国特色社会主义理论作为强大的思想武器，在以江泽民同志为核心的党中央的正确领导下，我们一定能够坚定地沿着建设社会主义法治国家的道路前进，并达到我们的目的，为中国人民的幸福和人类文明的进步做出贡献。

(本文原载于《中国法学》1996年第2期)

依法治国，建设社会主义法治国家

沈宗灵*

一 历史上对"法治"和"人治"的不同理解

在我国和西方国家历史上关于法治和人治的争论，主要有以下三次。第一次是我国春秋战国时期儒法两家对这一问题的不同观点。儒家主张人治（或德治、礼治），法家主张法治。第二次是古希腊思想家柏拉图和亚里士多德在这一问题上的不同观点。前者主张人治，后者主张法治。第三次是17~18世纪资产阶级先进思想家为反对封建专制而提出的有关法治的观点。

在这三次争论中，法治论者对法治和人治二词的词义是怎样理解的呢？为了说明这一问题，我们就需要了解双方的分歧究竟是什么。就了解法治和人治的词义而论，这些分歧大体上可概括为以下三点。

第一个主要分歧是：国家治理主要依靠什么，是法律还是道德？人治论者认为国家主要应由具有高尚道德的圣君、贤人通过道德感化来进行治理；法治论者则认为主要应由掌握国家权力的人通过强制性的法律（实际上指刑法）来治理。

中国古代儒法两家的不同观点就体现了上述分歧。例如，儒家认为："道（导）之以政，齐之以刑，民免而无耻。道之以德，齐之以礼，有耻且格。"[①] "政者，正也。子帅以正，孰敢不正？"[②] 反过来，

---

* 沈宗灵，北京大学法学院已故教授。
① 《论语·为政》。
② 《论语·颜渊》。

法家则认为，"圣人之治国，不恃人之为吾善也，而用其不得为非也"，因而，应"不务德而务法"。①

古希腊思想家关于人治和法治之争也体现了上述分歧。柏拉图在其代表作《理想国》中力主"贤人政治"，并主张除非哲学家成为国王，否则人类将永无宁日。②他极为蔑视法律的作用，认为不应将许多法律条文强加于"优秀的人"，如果需要什么规则，他们自己会发现的。③只是在他的"贤人政治"的理想国方案失败之后，他才在自己的晚期著作中将法律称为"第二位最好的"（second best），即退而求其次的选择。

与柏拉图相反，亚里士多德主张"法治应当优于一人之治"。④在西方历史上，这是法治论的第一个经典性论述。这里还应注意，亚里士多德对这一问题的提法是：由最好的一人或最好的法律统治，哪一方面较为有利？⑤他主张法治优于人治的一个主要论据是，法治等于神和理智的统治，而人治则使政治中混入了兽性的因素。因为一般人总不能消除兽欲，即使最好的贤人也难免有热忱，这就往往在执政时引起偏见。"法律恰恰正是免除一切情欲影响的神和理智的体现。"⑥同时他还主张，即使在一个才德最高的人作为统治者的国家中，"一切政务还得以整部法律为依归，只在法律所不能包括而失去权威的问题上才可让个人运用其理智"。⑦

第二个主要分歧是：对人的行为的指引，主要依靠一般性的法律规则，还是依靠针对具体情况的具体指引？人治论强调具体指引，法治论强调一般性规则。

---

① 《韩非子·显学》。
② 〔古希腊〕柏拉图：《理想国》，郭斌和、张竹明译，商务印书馆，1986，第214~215页。
③ 〔古希腊〕柏拉图：《理想国》，郭斌和、张竹明译，商务印书馆，1986，第141页。
④ 〔古希腊〕亚里士多德：《政治学》，吴寿彭译，商务印书馆，1965，第167~168页。
⑤ 〔古希腊〕亚里士多德：《政治学》，吴寿彭译，商务印书馆，1965，第162页。
⑥ 〔古希腊〕亚里士多德：《政治学》，吴寿彭译，商务印书馆，1965，第169页。
⑦ 〔古希腊〕亚里士多德：《政治学》，吴寿彭译，商务印书馆，1965，第163页。

这一分歧在中国古代儒法两家关于人治、法治之争中有所体现，特别是一些法家强调法律的特点在于它是一种尺寸、绳墨、规矩等，即能作为对人的行为进行一般性指导的准则，但总的来说，儒法双方并未就一般性指引和具体指引的分歧展开明显的争论。

与此不同，古希腊思想家柏拉图和亚里士多德，在这一问题上的分歧相当突出。柏拉图反对法治的一个重要论据是：法律就像一个愚蠢的医生，不顾病人的病情而机械地开药方。然而，人类个性不同，人的行为纷繁复杂，人事变化无常，法律不应规定出适合每一特殊情况的规则，所以"对一切人最好的事情不是法律的全权而是了解君主之术和有智慧的人的全权"。① 亚里士多德在反驳上述观点时指出："法律确实不能完备无遗，不能写定一切细节，这些原可留待人们去审议。主张法治的人并不想抹杀人们的智慧。他们就认为这种审议与其寄托一人，毋宁交给众人。"② 他在《尼各马可伦理学》一书中也进一步探讨了一般性规则和具体情况之间的关系："法律总是一般规定，但实际情况中又有一般规定中不可能包括的事。"③ 在这种情况下，就需要采取纠正法律因一般性而造成缺陷的衡平手段，例如修改法律，执法者根据法律精神来解释法律，容许法官离开法律条文做出判决，等等。

第三个主要分歧是：在政治制度上应实行民主还是专制？法治论者主张民主、共和（包括君主立宪），人治论者主张君主制、君主专制或寡头政治。

柏拉图主张贤人政治和哲学家国王，从政治制度上讲，就是维护君主制和寡头政治。亚里士多德在主张法治优于一人之治时，也提出了拥护民主和共和制的观点。他认为，群众比任何一人有可能做较好的裁断，"多数群众也比少数人为不易腐败"。④ 在平民政体已经兴起

---

① 〔古希腊〕柏拉图：《政治家》，第294页（作者原注）。
② 〔古希腊〕亚里士多德：《政治学》，吴寿彭译，商务印书馆，1965，第171页。
③ 1934年英译本第5卷，X4（作者原注）。
④ 〔古希腊〕亚里士多德：《政治学》，吴寿彭译，商务印书馆，1965，第163~164页。

的情况下，以一人为治的君主政体已不适宜了；在君主政体下，如果继任的后嗣是一个庸才，就必然会危害全邦，而在实行法治的情况下，就不会发生这一问题；① 同时，平民政体意味着实行轮番制度，即同等的人互做统治者和被统治者，这也就是"以法律为治"。② 在这里，亚里士多德已将法治和民主共和政治制度直接联系起来。

法治论和人治论在政治制度上的分歧，主要出现在17~18世纪资产阶级革命时期一些先进思想家反封建专制所提出的政治思想和政治纲领中。在我国古代儒法两家关于法治和人治的争论中从未涉及民主与专制的分歧。因为儒法两家在政治制度上都是维护君主制或君主专制的（法家更主张严刑峻法），因此，我们不能把我国古代法家的法治论同17~18世纪西方国家反封建专制的法治论相提并论，或者把前者错误地解释为反对君主专制的君主立宪论。

还应指出，在中国古代儒法两家和古希腊柏拉图、亚里士多德在人治和法治之争中都直接、明确地提出"人治"和"法治"二词。与此不同，西方国家17~18世纪关于人治和法治之争主要体现在当时一些先进思想家在抨击封建专制、等级特权并鼓吹建立君主立宪、三权分立或民主共和国等政治制度的同时要求法治和反对人治，而当时维护君主专制、等级特权的代表人物一般没有直接、明确地提出要人治不要法治之类的口号。

在西方国家历史上，继亚里士多德提出"法治优于人治"之后，第一个直接明确提出类似观点的是英国17世纪思想家哈林顿（Harrington，1611~1677）。他也倾向共和制，他在自己的代表作《大洋国》一书中一开始就指出，通过法律这一艺术，人类的世俗社会才能在共同权利和共同利益的基础上组织起来。根据亚里士多德和李维③的说法，

---

① 〔古希腊〕柏拉图：《理想国》，郭斌和、张竹明译，商务印书馆，1986，第165页。
② 〔古希腊〕柏拉图：《理想国》，郭斌和、张竹明译，商务印书馆，1986，第167页。
③ 李维（Livy，公元前59~公元17年），古罗马著名史学家。

"这就是法律的王国,而不是人的王国"。①

美国政治家、第二任总统约翰·亚当斯(John Adams,1735~1826),将哈林顿关于法治的思想写进1780年马萨诸塞州的宪法中,它规定该州实行三权分立,"旨在实现法治政府而非人治政府"。②

综上所述,从中国和西方国家历史上关于法治和人治的三次争论中的三个主要分歧中可以看出,那时法治论者和人治论者对法治和人治赋予多种含义。在中国古代儒法两家的争论中,人治指的是主要依靠道德高尚的圣贤通过道德感化来治理国家,法治则是指主要依靠掌握国家权力的人通过强制性的法律来治理国家。在古希腊柏拉图和亚里士多德的争论中,人治和法治的含义比较复杂。人治不仅指主要依靠道德高尚的人以道德感化手段来治理国家,而且指对人们行为的指引主要应依靠根据不同情况而定的具体指引,也还指君主或少数寡头的统治。法治则不仅指主要依靠由不受人的感情支配的法律来治理国家,而且还指对人们行为的指引主要通过一般性的规则的指引,也指民主、共和政制。在17~18世纪反封建斗争中所讲的法治主要指民主、共和制,人治则代表君主专制、等级特权等。

在西方国家,自17~18世纪起,民主、共和制意义上的法治论取得了巨大的胜利。自此以后,也有人对"法治政府而非人治政府"之说提出质疑。例如美国法学家派特逊(E. Patterson)就认为这一讲法是"自我矛盾的",法律没有公职人员就等于开了药方而没有人去配药。③ 但一般地说,"要法治不要人治""法治政府而非人治政府""法律至上"等已成了西方流行的用语。

尽管如此,西方法学家对法治的具体内容或原则却始终众说不一。19世纪末英国宪法学家戴雪(A. V. Dicey,1835~1922)曾以英

---

① 〔英〕哈林顿:《大洋国》,何新译,商务印书馆,1983,第6页。
② 参见 J. Frank, *Courts on Trial* (1949), p.405。
③ E. Patterson, *Jurisprudence* (1953), p.101。

国政制和法律传统为基础，提出了法治的三个著名的原则：任何人都不因从事法律不禁止的行为而受罚；任何人的法律权利和责任都应由普通法院审理；每个人的个人权利不是宪法的产物而是宪法所赖以建立的基础。但这些原则以后也不断遭到反对，被认为已不符合20世纪的现实。① 20世纪五六十年代，西方法学家也曾围绕法治这一主题召开过几次国际会议，但也并未就法治的具体内容和原则取得一致的意见。随着"福利国家"方案的兴起，国家权力日益扩大，西方法学家中也一度展开了"福利国家"与"法治"是否矛盾的争论，但这已不是"法治"和"人治"之争，因为现在争论的双方都主张法治，分歧主要在于一方认为福利国家意味国家权力加强，从而危害个人自由和法治，另一方则认为福利国家、个人自由和法治三者可以相互结合。②

二 法制词义的演变

人们在日常生活中要注意自己或他人用词的词义，法学工作者由于本身专业的特点，更应注意这一问题。

"法制"一词词义在我国历史上，特别是在1949年新中国成立后不断演变。③

"法制"一词在我国古代就已出现。"命有司，修法制，缮囹圄。"④ 但在1949年中华人民共和国成立前，法制一词较少使用，主

---

① E. C. S. Wade and G. G. Philips, *Constitutional and Administrative Law*, 1977, pp. 86 – 89.
② W. Friedmann, *Legal Theory* (1953), pp. 422 – 429.
③ 除本文外，笔者曾就法治、人治和法制词义发表过下列论文：(1)《既不宜作为口号提倡，也不宜简单地否定》，载《法治与人治问题讨论集》，群众出版社，1981，第332~339页；(2)《"法制"、"法治"、"人治"的词义分析》，《法学研究》1989年第4期，该文略经修改又载于《法理学研究》，上海人民出版社，1990，第43~57页；(3)《再谈"法制"与"法治"二词的词义》，中国法学会编《法学研究动态》1996年第5期，此文又在上海《法学》1996年第10期转载；(4)《依法治国，建设社会主义法制国家》，《北京大学学报》（哲学社会科学版）1996年第6期；(5)《建设社会主义法治国家》，《人民日报》1997年10月10日。从以上内容以及本文所述内容，大体上可以看出"法制"一词词义的演变对笔者写作的影响。
④《礼记·月令》。

要用作以"法制史"命名的著作或法制局、法制委员会之类机关名称。就"中国法制史"研究对象而论，法制史学家历来有广义和狭义两种解释。广义说以丁元普等人为代表，认为法制指法律和制度，因而中国法制史的研究范围包括法律和法律以外的制度。狭义说以程树德等人为代表，认为法制仅指有关法律规定，因而法制史研究的范围以律和刑为限。[①]

1949年后，"法制"一词广为使用。"文化大革命"前对我国法制一般称为"革命法制"或"人民民主法制"。党的第十一届三中全会后，才通称"社会主义法制"。直到1997年党的十五大前，"法制"一词，大体上指以下三种含义。

第一，静态意义上的法律和制度，或简称法律制度。在现代社会中，与中世纪不同，重要的制度通常都有相应法律规定或都在相应法律范围内产生作用，就这一意义来讲，"法律和制度"与"法律制度"这两个词组基本上是同义的。但是"制度化"和"法律化"二词有时是有区别的，法律化固然是一种制度化，反过来，并不是所有制度化都是法律化。例如体现党内民主或社会组织、企事业民主管理的制度，并不属于或不一定属于法律范畴。再有，这里讲的法律和制度一般是指静态意义上的，主要指有关法律和制度的条文规定，少数是惯例。

第二，动态意义上的法律，指立法、执法、司法、守法、对法律实施的监督等各个环节构成的一个系统，类似西方社会学法学家所讲的法律概念。例如美国社会学法学家庞德（R. Pound）就将法律称为"社会工程"，[②]并对法律的概念做了很广泛的解释。近年来，我国有些中青年法学工作者将系统论引入法学，往往将法制称为"法制系统"或"法制系统工程"等。

第三，指"依法办事"的原则，也即党的十一届三中全会公报中

[①] 林咏荣：《中国法制史》，法律出版社，1999，第1页。
[②] R. Pound, *Interpretation of Legal History*, p.157.

所讲的"有法可依，有法必依，执法必严，违法必究"。就词义而言，相当于"依法办事"的原则，董必武在1956年党的第八次全国代表大会上的发言中曾讲道，"依法办事是进一步加强法制的中心环节"。①

这里还应注意，以上第三种含义，即"依法办事"原则这一意义上的"法制"，在不同民族语言中有不同表达法。1959年在新德里召开的国际法学家委员会关于法治问题的讨论会上，该会前秘书长、英国法学家马什（Norman Marsh）所做的报告中就谈到法治的不同表达法：对大多数法学家来说，"法治"被认为是一批原则、制度和程序，它们可同引起不少争论的政治和社会问题分开，而对任何名副其实的法制来说，却是基本的和不言而喻的。因而，在这一意义上，受过英国法律传统教育的法学家说"法治"（rule of law），美国法学家会指"法治政府"（government under law），法国法学家为同样目的可能说"法制原则"（principe delaloi）或"法律规则至上"（la suprématie de la règle du dvoit），在类似情况下，德国法学家最常用的概念是"法治国"（delaloi echtsstaat）。②

也应顺便指出，在马克思和恩格斯的著作中，在不同场合下分别使用过"法治""法治国""法制"三个词。在列宁的著作中，无论是对苏维埃政权还是对资产阶级国家，都用"法制"（俄文законность）一词。苏联法学著作一般也是这种用法。新中国成立初期，"法制"和"法治"二词在报刊上都曾使用过。但之后直到粉碎"四人帮"这一时期内，一般仅用"法制"而不用"法治"。这一现象看来或者是受苏联法学影响所致，或者是受一种"左"的错误思想的影响，误认为"法治"是西方国家专用的概念。

江泽民同志在1997年召开的党的第十五次全国代表大会上的报告

---

① 董必武：《论社会主义民主和法制》，人民出版社，1979，第136页。
② International Commission of Jurists, *The Rule of Law in a Free Society*, New Delhi India 1959, pp. 54–55.

中，高举邓小平理论的旗帜，为把建设有中国特色社会主义事业全面推向 21 世纪做出了战略部署。这一报告对我国法制建设问题也做了精辟论述，其中一个重要贡献是：将过去通常讲的"法制国家"改为"法治国家"。"法制"与"法治"仅一字之差，但内涵与外延是有区别的，法治强调的是通过法制对国家和社会事务的管理，它与"人治"是直接对立的。"法治国家"与邓小平同志的"要法治不要人治"的精神更一致，所以，十五大报告第一次把"依法治国，建设社会主义法治国家"作为党领导人民治理国家的基本方略，在党的代表大会上郑重地提了出来。①

三 十五大报告对"依法治国"理论的论述

与历次党代会对法制或法治问题的论述相比，十五大报告对这一问题的论述是最详尽的，"依法治国"或"建设社会主义法治国家"显然是这一理论的核心，在整个报告中，曾七次提到"依法治国"或"建设社会主义法治国家"。

大体上看，报告中对法治问题的论述可以概括为以下七个方面。

第一，强调依法治国是党领导人民治理国家的基本方略，基本方略指基本的方针和战略。之所以是治国的基本方略，主要是指治国要法治而不要人治，这一点从报告中引用了邓小平同志的两段话就可以证明：一段是制度"更带有根本性、全局性、稳定性和长期性"；② 另一段是"使这种制度和法律不因领导人的改变而改变，不因领导人的看法和注意力的改变而改变"。③ 这两段话是邓小平同志在总结"文化大革命"的沉痛教训时所得出的结论。当然，强调"法治"与充分发挥领导人在依法治理国家事务中的个人作用，发挥他们的聪明才智，

---

① 薛驹、王家福：《走依法治国之路》，《人民日报》1997 年 11 月 1 日。
② 《邓小平文选》第 2 卷，人民出版社，1994，第 333 页。
③ 《邓小平文选》第 2 卷，人民出版社，1994，第 146 页。

是一致的，将法治与个人的能动作用对立起来是一种误解。

第二，除了上述基本方略外，报告指出了依法治国的另外三个必要性，即"发展市场经济的客观需要"、"社会文明进步的重要标志"以及"国家长治久安的重要保障"。治国的基本方略和这三个必要性是我国近20年来历史经验的总结，没有健全的法制，就谈不上市场经济的发展、社会的文明与进步及国家的长治久安。

第三，报告阐述了依法治国与党的领导、党的基本路线、社会主义民主、政治体制改革、国体与政体及社会主义精神文明等的紧密联系。

第四，报告从一个更明显的角度对我国依法治国下了定义：依法治国，就是广大人民群众在党的领导下，依照宪法和法律规定，通过各种途径和形式管理国家事务，管理经济文化事业，管理社会事务，保证国家各项工作都依法进行……依法治国把坚持党的领导，发扬人民民主和严格依法办事统一起来，从制度和法律上保证党的基本路线和基本方针的贯彻实施，保证党始终发挥总揽全局、协调各方的领导核心作用。这一定义也划清了社会主义法治与西方国家资本主义法治的原则区别。

第五，报告重申了法治在促进经济体制改革、加强宏观调控方面的作用，如报告指出"要健全财产法律制度，依法保护各类企业的合法权益和公平竞争，并对它们进行监督管理"。

第六，报告对近五年来法制建设的成绩与不足做了全面评价，既指出它取得了重大进展，如制定了一系列适应社会主义市场经济发展的法律和法规，加强了执法和司法工作，又指出法制还不健全，群众对社会治安状况还不满意，贪污腐化等现象仍在蔓延滋长，等等。

第七，关于今后立法、执法、司法、法律监督和普法教育等方面的工作要求：提高立法质量，到2010年形成有中国特色的社会主义法律体系；依法行政；推进司法改革；把党内监督与法律监督、群众监督结合起来；深入开展普法教育；等等。

四　依法治国的基本条件

就具有不同世界观和价值观的人来说，他们对人类社会的理想模式当然会有不同的理解。但对一个长期生活在缺乏民主与法制传统环境中的人来说，实行法治或依法治国的社会的确是一个值得追求的现实社会。

一般地说，实行法治的社会必须具备某些前提条件，如经济较发达，一般居民生活比较安定，社会秩序相对稳定，有一定程度的民主，社会成员拥有基本的道德水平和法律意识，等等。相反的，在一个动乱不断、人民饥寒交迫、统治者专制暴虐、官吏专横跋扈的社会中，是不可能有法治的。

从历史上看，法治国家是在近现代社会才出现的，在古代和中世纪，除了个别时期外（如罗马法的鼎盛时期，中国历史上"贞观之治"等盛世），一般是不存在法治的。当然在近现代社会，即资本主义社会和社会主义社会，也并不一定是实行法治的。或者说，仅在少数国家的一定时期实行。

资本主义社会大体上在17世纪后期才开始出现（以英国1688年"光荣革命"为界），到现在已经历了三个多世纪。但在资本主义国家中，法治或依法治国原则的形成都经历了相当长的过程。长的几百年（如英、法、美三国），短的也要几十年（如"二战"后的德、意、日三国）。在苏联，自1918年十月革命胜利开始，至20世纪90年代初苏联解体止，70余年中，也难说曾形成过法治国家。

在这里，我们用历史事实来说明走向法治国家必须具备的前提条件。英、美、法三国经历了几百年才建立了法治，这是由于这三个国家在经济上都比较发达、政治上比较民主，一般人民生活比较稳定，相对而言，法治在英美两国更显著。而德、意、日三国只是在"二战"后半个世纪才走向法治,这是因为它们从 20 世纪二三十年代起先后走向法西斯统治,即毁灭资本主义法治(虽然只是很脆弱的法治)。正如列宁曾在第一次世界大战前夕分析德国的政治形势时指出的:"历史真会捉弄人,德国的统治阶级在 19 世纪下半叶建立了最强大的国家,加强了最迅速地发展资本主义的条件和建立最牢固的立宪法制的条件,而现在,他们十分明显地正走向事情的反面:为了保存资产阶级的统治而不得不毁掉他们的这种法制了。"[①]"二战"后,德、意、日三国在以美国为首的资本主义国家支持下开始建立法治。所以,一个国家的法治与本国的社会、经济、政治和文化条件是密切联系的,法治的兴衰与本国社会、经济、政治和文化的兴衰是并行的。

五 依法治国的基本原则

构成法治国家的基本原则有哪些?古今中外学者或者略而不谈,或者众说纷纭。笔者认为,大体上说,法治国家的基本原则可分为两种。一种是实体原则或价值原则,也即法治国家所要实现的主要目标;另一种是形式原则,指实现法治目标时所必须确立的形式或程序。

古希腊思想家亚里士多德曾说:"法治应包含两重意义:已成立的法律获得普遍的服从,而大家所服从的法律又应该本身是制定得良好的法律。"[②] 但问题是,这里讲的"良好"是一个比较模糊的词。所以,亚里士多德对法治的解释也不足以成为法治的一个基本原则。

在西方历史上,法治与人治概念,起自古希腊,但对后世(包括我国在内)有较大影响的是 17~18 世纪资产阶级思想家的有关解释。

从 17~18 世纪以来直到当代资产阶级思想家关于人治和法治的解释来看,我们可以了解到以下三点。第一,他们没有统一的、确切的解释。第二,他们的解释都是从属各自的政治纲领的。例如,有人论

---

① 《列宁全集》第 20 卷,人民出版社,1989,第 15 页。
② 〔古希腊〕亚里士多德:《政治学》,吴寿彭译,商务印书馆,1965,第 199 页。

述"君主立宪",有人论证"民主共和国",有人论证"自由竞争",有人论证"福利国家",等等。第三,至少从形式上看,大多数人比较一致的地方是:法治反对专制、专横和特权;而人治则意味着专制、专横和特权。

国际法学家委员会(International Commission of Jurists)曾在1955年于希腊雅典、1959年于印度新德里先后召开规模较大的国际会议,专门讨论"法治"问题,并分别发表各自的宣言。

雅典会议的宣言是:

兹庄严地宣告:
(1)国家遵守法律。
(2)政府应尊重个人在法治下的权利并为其实现提供有效的手段。
(3)法官应受法治指引,无所畏惧地并无所偏袒地保护和执行法治,并抗拒政府或政党对法官独立的任何侵犯。
(4)全球律师应保持其专业的独立性,肯定个人在法治下的权利并坚持每一个被控告者应受公正的审理。

新德里的宣言是:

兹庄严地重申国际法学家大会于1955年6月所通过的雅典宣言中所表达的原则,特别是独立的司法和法律专业对维护法治与适当执法的重要性;承认法治是一个主要由法律家负责发展和实施的动态概念,它不仅要由自由社会中个人民事和政治权利的维护和促进来实行,而且要建立个人的合法期望和尊严得以实现的社会、经济、教育和文化条件。号召各国法律家在各自社会中实现大会结论中所表达的各种原则。

在这一会议的"结论"中分列了立法、行政、刑事诉讼程序以及司法和法律专业四个方面与法治相关的一些一般原则。①

从以上两个宣言中,我们大体上可看出,它们所讲的法治的含义主要是:(1)法治来自个人的权利和自由,包括言论、出版、宗教、集会、结社的自由以及自由参加选举从而使法律由当选人民代表所制定并对所有人平等保护;(2)国家与政府要守法,保护个人在法治下的权利;(3)维护法治主要应依靠法官独立、法律专业(即律师)的独立。

国际法学家委员会秘书长让·弗拉维尔·拉利夫(Jean Flavien Lative)在《自由社会的法治》一书的导言中一开始就指出,法治"是许多不同法律制度的法律家所熟悉的却常被认为是一个意义难定的用语"。②

这两个会议的宣言也没有为我们提供对现代国家法治基本原则(无论是实体原则或程序原则)的有价值的参考。

六 现代国家法治的实体(价值)基本原则

由于我们对现代国家法治的实体基本原则缺乏更多的了解,我们暂且将中外法学作品中论述法治国家常讲的一些概念列为实体基本原则。

这里应特别指出,我们现在讲的是现代国家的法治,即资本主义国家和社会主义国家两类国家的法治。作为法治,两者之间当然有不少共同点,如都要依法行事,都承认法律面前人人平等,人权的普遍性,等等。但由于社会制度和意识形态的不同,在同一问题和同一原则上,它们往往有不同的甚至相反的理解。

当代中国是一个社会主义国家,它要建设的是社会主义法治国

---

① International Commission of Jurists, *The Rule of Law in a Free Society*, 1959, pp. 2–3.
② International Commission of Jurists, *The Rule of Law in a Free Society*, 1959, pp. 2–3.

家，所以，十五大报告对依法治国（即社会主义法治）的定义是很鲜明的，它指的是党的领导、发扬人民民主和依法办事三者统一起来，从制度上和法律上保证党的基本路线和纲领的贯彻实施。总之，社会主义法治的实体基本原则都必须以邓小平理论和党的基本路线为指引。所以，我们在下面论述现代国家实体基本原则时，必须注意社会主义法治与资本主义法治的原则区别。

1. 生存

生存是首要的人权，《世界人权宣言》第3条明确规定：人人有权享有生命、自由和人身安全。在旧中国，由于帝国主义的侵略，封建主义和官僚资本主义的压迫，争取生存权利历史地成为中国人民必须首先要解决的人权问题，新中国的成立实现了人民梦寐以求的国家独立和统一，并为解决人民的温饱问题奠定了前提。经过努力，人民的温饱问题基本解决，我们正在向小康社会迈进。但中国现在还是一个发展中国家，仍有不少的人需要解决温饱问题。因此，改善人民的生存条件，仍然是一个重要问题。

美国现在是世界上最发达的资本主义国家，但它还有几百万处于贫困线以下的人口。发展中国家人口的1/3仍生活在贫困线以下，对他们来说，最紧迫的人权是生存和发展权。

2. 安全

安全是任何国家的法治的一个最起码的任务，即保障人民的人身自由不受侵犯。17世纪英国思想家霍布斯（T. Hobbes）曾称：人民的安全是最高的法律。[①] 任何国家的宪法和刑法、程序法都载有保护人民生命、人身、财产等安全的规定。

3. 民主

民主的意思是人民的治理，对民主的模式，各国因国情和条件不同存在差别，当代中国是一个社会主义国家且处于社会主义初级阶

---

① 转引自 Bodenheimer, *Jurisprudence* (1974), p.237。

段。它在推进经济体制改革的同时进行政治体制改革,扩大社会主义民主,依法治国,建设社会主义法治国家。这种社会主义民主当然不同于西方的代议制民主。

4. 自由

自由是人类向往的一个口号,每个国家的宪法和其他法律都规定人民的基本权利和自由,但法治绝不可能授予人们以绝对的、无限的自由,人们的行动要受法律、道德等各种规范的约束。法治在维护人民的合法的自由和权利的同时必须约束其不得侵犯他人的合法自由和权利或社会的利益。法治也限制国家机关及其工作人员滥用权力侵犯人民权利和自由的行为。

5. 平等

这是与自由一样为人类向往的一个口号,现代国家的宪法和法律都规定"法律面前人人平等"的原则。以后才逐渐增加了"机会的平等",但像自由一样,平等始终是一个相对的概念,绝对平等是根本不存在的。

6. 人道主义

在不同社会制度和意识形态下,对人道主义会存在不同的理解,但现代国家的法律制度,在人道主义方面存在着很多共同点。体现人道主义精神的众多国际公约更是无可否认的事实。

7. 共同福利

共同福利是现代国家在承认自由、平等和安全等作为法治的实体(价值)基本原则的基础上提出的,但在资本主义社会,尽管一些思想家赋予"共同福利"以崇高的解释,但实际上仅限于通过一些"社会保险"立法。社会主义国家以实现繁荣富强和人民共同富裕为目标。

8. 正义

在法理学论著中已研究了正义的概念。应重申的是,正义是一个相对的概念，它是一个有条件的、受制约的和可变的概念，但衡量任何一种法律制度、事业是否合乎正义的最终标准是看它们是否促进社会进步，是否合乎最大多数人的最大利益。

9. 和平

和平与发展是当今时代的两大主题。全世界绝大多数人都认为，对于危及世界和平与安全的行动，诸如由殖民主义、种族主义和外国侵略、占领造成的粗暴侵犯人权的行动，以及种族隔离、种族歧视、种族灭绝、贩卖奴隶、国际恐怖组织侵犯人权的严重事件，国际社会都应进行干预和制止，实行人权的国际保护，这正是现代国家法治的一个艰巨任务。当然，也不容许任何国家借口"人权"干涉别国内政。

10. 发展

发展权既是一项个人权利，同时又是一项集体权利。现在世界上贫富差距越来越大，许多发展中国家社会经济发展缓慢，因此发展权更应受到重视。国际社会应致力于消除世界经济秩序中不公正和不合理的现象，建立新的国际经济秩序。

七 现代国家法治的形式（程序）基本原则

在当代中国，法制的含义一般根据党的十一届三中全会公报中的表述，即有法可依、有法必依、执法必严、违法必究。在法理学教材中，又做了具体的阐述："一般认为，有法可依是前提，有法必依是关键，执法必严是要求，违法必究是保障。"[①]

党的十一届三中全会公报中关于法制的表述对加强法制起了重要作用，它以通俗易懂的语言概述了依法办事的逻辑含义。这一表述是我国法治的一个重要的形式原则，并不代表整个法治的实体和形式基本原则。

---

① 沈宗灵：《法理学》，高等教育出版社，1994，第184页。

"二战"后的西方法学中,法治原则是一个热门问题,美国法学家富勒首先提出了作为一个真正法律制度前提的八项法治原则。

(1) 法律的一般性,即人们有规则可循,法律是对一般人都适用的,同样情况应同样待遇。

(2) 法律应公布。

(3) 法律适用于后来的行为而不是溯及既往的。

(4) 法律是明确的。

(5) 法律中不应有矛盾。

(6) 法律不应要求不可能实现的事。

(7) 法律应是稳定的。

(8) 官方行为和法律应是一致的。①

在富勒以后,有些法学家对以上八项基本原则加以补充,如:司法独立;司法审查;一般人有接近法院的可能性;律师咨询;防止警察机构滥用权力或歪曲法律;法律应有可预测性;法律应通过规则和机构体系调整它自己的创造,即规则确定机构,机构创立和执行规则;等等。

以上这些基本原则,有的是西方国家实行法治的经验总结,有的仅是法学家的主观设想。这里需要注意的是,在他们所讲的原则中,有些是现代法律共同适用的原则,如法律应是一般性的、公布的、不溯及既往的、明确的、不应有矛盾的、是可以实现的、稳定的等。但这些共同适用的原则也并不是始终都能真正实现的,相反,却往往是被违反的。如将仅适用于个别情况的行政指令作为法律,将不公开的秘密规定称作法律,等等。还有一类原则是与特定的社会制度或意识形态直接联系的,如,上面讲的司法独立与司法审查是一般西方国家实行的原则,它们与西方代议民主制、三权分立原则是密切联系的,但与中国社会主义法治和法律制度是不同的。当代中国宪法和法律规定法院依法独立行使审判权,不受行政机关、社会团体和个人的干涉。

---

① Fuller, *The Morality of Law*, pp. 46–91.

中国实行人民代表大会制，行政、司法机关由人民代表大会产生，对它负责，受它监督，不可能实行西方的司法审查之类的制度。

还应注意，法治的基本形式原则，目的是有效地实现法治，它对广大公民、企事业组织、社会团体和国家机关、政党、武装力量是普遍适用的。一方面它保护公民的合法权益，也防止他们对权利的滥用；另一方面，维护国家机关及其公职人员依法行使职权，也防止其滥用权力。

法治在形式方面的基本原则是本国法律发展经验的总结。我们在确定这些原则时，必须从本国国情，即本国社会制度及其他各种现实条件出发，当然在这一过程中，应参考本国历史上和外国的经验，但应以本国国情为基础。

这些原则如果符合本国法治发展情况，将指引和促进依法治国原则的实现，而且也可以作为检验这一原则的标准。因此，认真总结本国法治发展的经验教训，确定这些原则是我国有关立法、执法、司法部门以及法学工作者的一个重大任务。

八　依法治国的优越性和局限性

（一）法治的优越性

在研究"依法治国，建设社会主义法治国家"问题时，人们会进一步问为什么一定要实行"法治"，"法治"有什么优越性。一般地说，"法治"的优越性是指它优于"人治"。但这里所讲的法治优越性，不仅指与"人治"相比，而且还指法治的其他优点。

党的十五大报告讲道："依法治国，是党领导人民治理国家的基本方略，是发展社会主义市场经济的客观需要，是社会文明进步的重要标志，是国家长治久安的重要保障。"这些必要性是我国近20年来历史经验的总结，正说明法治本身的优越性和价值。即法治代表理性、效率、文明、民主和秩序。这里先讲一下理性和效率两种价值。

法治并不是人们感情冲动的产物，它可以说是人们"沟通理性的体现，人们在自由开放的，不受权力关系宰割的情况下，诚意地进行讨论协商，互相交换意见，尊重并全心全意地尝试了解对方的观点，大家都遵守以理服人原则，摆事实，讲道理，唯理是从，不固执己见，从善如流，以达成共同的认识（共识），并根据此共识来治理社会，或以此共识作为有关社会政策或安排的基础"。①

法治代表一种对人们行为的高度规范性指引方式而不是一种个别性指引方式。由于法治是以国家名义制定和实施的，因而这种指引方式又有极大的权威性。这种高度规范性又具有极大权威性的指导方式，对社会成员来说，也就是法治的体现和要求，它是建立社会秩序的一个必不可少的条件，具有连续性、稳定性、高效率的优点，也符合一般人的心理要求，即有相对独立的生活。所以，法治的价值之一就在于它意味着高效率。

进一步，我们再讲法治对人类文明、民主与秩序所做的贡献。

人们对中国历史上的《唐律》、古罗马的《查士丁尼民法大全》、19世纪初法国的《民法典》等法律文献都怀有崇敬的心情，就因为它们标志着历史上较高的、优秀的文明。我们也认为健全的法制是社会文明进步的重要标志，是国家长治久安的重要保障。前面已讲过，法律或法治绝不可能直接规定某人成为一个杰出的科学家或学者，但法律或法治可以为人们成为杰出的人才提供某种条件或环境，这也就是说，法律或法治，作为一种制度，它规定人们的权利、义务、权力和责任等，在这种制度下，人们通过自己的努力与智慧有可能成长为杰出的人才。

民主是现代国家法治的一个重要价值，同时也是法治的一个实体基本原则。现代国家总是与某种民主模式相联系的，法律是由民选代表制定并由行政、司法机关执行的。现代国家的法治也总是与社会秩

---

① 陈弘毅：《西方人文思想与现代法的精神》，《中国法学》1995年第6期。

序不可分的，是与专制、独裁或无政府主义对立的。

（二）法治的局限性

法治作用的局限性问题，可从四个方面来说明：（1）法不是调整社会关系的唯一手段；（2）徒善不足以为政，徒法不足以自行；（3）法律的抽象性、稳定性与现实生活的矛盾；（4）法律所要适用的事实无法确定。

九　建设社会主义法治国家的前景

1997年9月，中国共产党第十五次全国代表大会提出了"依法治国，建设社会主义法治国家"的号召，在中国社会主义民主与法制发展史上，这是一个有巨大历史意义的号召。

早在20世纪70年代末中国开始实行改革开放时，中国领导人就提出了"发展社会主义民主，加强社会主义法制"的方针，经过近20年的时间，发展到提出"依法治国，建设社会主义法治国家"的号召。这是中国领导人和全国人民对民主与法制认识与实践不断提高与成熟的产物。

从20世纪80年代初以来，随着改革开放的逐步深入，中国也进一步认识到加强民主与法制的迫切性。改革使人们较清楚地看到旧体制（包括自新中国成立以来长期无法可依的状态）的弊端，开放使人们认识到如果法制不完善，国外与境外的技术或资金就难以进入中国大陆。20世纪90年代初，中国宣告要建立社会主义市场经济，市场经济是法治经济，至少就立法而论，近几年来，中国大规模地增加立法，为迎接"依法治国"创造了一个良好的前提。总之，绝大多数中国人从自己的亲身经验逐步体会到必须实行依法治国。

但是，中国要真正成为"依法治国"的社会仍会有各种阻力。中国历史上，缺乏民主法制传统，却有长期封建专制、特权的传统。中国的民族文化传统中既有有利于社会主义现代化事业的极为宝贵的因素，又有不利于民主法制发展的消极因素，"文化大革命"十年的动乱，使无政府主义遗毒在社会上，特别在年轻一代中，有很大影响。改革开放以来，特别是市场经济的发展，也带来了利己主义，金钱至上，贪婪、腐败之风的盛行。中国经济、文化还相当落后，人口众多，幅员广阔，情况极为复杂，中国迄今缺乏足够多的、素质较高的行政官、法官、检察官以及律师。中国的经济、政治体制中还有许多不利于民主、法制发展的弊端，还有待改革的逐步深入。

自实行改革开放以来，中国在立法方面取得了很大成就。然而，正如法律社会学家所指出的，我们应注意区别书本上的法律和行动中的法律。法律条文的规定和事实上发生事情之间的不一致随处可见，这就是中国通常所说的不依法办事、有法不依、执法不严、违法不究或不重视、不遵守法律等严重现象。

这里讲的"有法不依"或"不依法办事"等现象，并不是期望中国境内每一个人实际上都会遵守法律，没有任何违法现象。显然，这种期望是不切实际的幻想。这里讲的严重现象主要是指有相当数量的人，其中包括一些居于高级职位的国家工作人员，不依法办事、有法不依、执法不严或根本不重视法制，甚至本人从事违法犯罪行为。

以上在分析中国实行"依法治国"的各种阻力时已经表明，要从根本上改变不依法办事、不重视法制的现象，绝不可能迅速地、轻易地实现，它需要采取各种有效的措施，经过长期的、艰苦的努力。其中有两个重要措施：一个是加强对法律实施的各种形式的切实有效监督；另一个是在全社会开展多种形式和切实有效的法制教育。全国人大常委会从1986年开始在全国进行法制宣传教育工作。1996年5月15日又通过了法制教育的第三个五年规划，要求从1996年到2000年继续进行以宪法、基本法律和社会主义市场经济法制知识为主要内容的法制宣传教育，并要求一切有接受教育能力的公民，都应学习法律知识，各级领导干部特别是高级领导干部更应带头学习。

在研究中国"建设社会主义法治国家"的前景时，我们应注意到在这一进程中可能遇到的困难与阻力，但我们更应看到，中国社会主义法治是把"坚持党的领导、发扬人民民主和严格依法办事统一起来"的。所以，我们深信，在党的领导下，在广大人民积极支持和参与下，法治国家必将在我国实现。

（本文原载于《中国法学》1999年第1期）

论中国特色社会主义法治道路

张文显*

从科学内涵与实践经验的结合上解析"中国特色社会主义法治道路",具有重大的理论意义和实践价值,是深入贯彻党的十七大精神,全面实施依法治国基本方略,加快建设社会主义法治国家的迫切需要。

在党的十七大报告中,胡锦涛同志指出:"改革开放以来我们取得一切成绩和进步的根本原因,归结起来就是:开辟了中国特色社会主义道路,形成了中国特色社会主义理论体系。高举中国特色社会主义伟大旗帜,最根本的就是要坚持这条道路和这个理论体系。"[①] 2008年12月18日在纪念党的十一届三中全会召开30周年大会上,胡锦涛同志进一步指出:"30年来,以邓小平同志为核心的党的第二代中央领导集体、以江泽民同志为核心的党的第三代中央领导集体和党的十六大以来的中央领导集体,团结带领全党全国各族人民,承前启后,继往开来,接力推进改革开放伟大事业,谱写了中华民族自强不息、顽强奋进新的壮丽史诗。我们党先后召开6次全国代表大会、45次中央全会,及时研究新情况、解决新问题、总结新经验,集中全党全国各族人民智慧,形成了党的基本理论、基本路线、基本纲领、基本经验,制定和作出了指导改革开放和社会主义现代化建设的一整套方针

---

* 张文显,中国法学会副会长、学术委员会主任,吉林大学资深教授、博士生导师。
① 胡锦涛:《高举中国特色社会主义伟大旗帜 为夺取全面建设小康社会新胜利而奋斗——在中国共产党第十七次全国代表大会上的报告》,《人民日报》2007年10月25日。

政策和工作部署,成功开辟了中国特色社会主义道路。"① 其后,中央和政法系统有关部门就此重大问题开展了广泛调研。

在这样的背景下,有关"中国特色社会主义法治道路"问题凸显为我国法学理论研究和法治建设实践的重大热点。法学界和法律界空前重视深入解析"中国特色社会主义法治"命题,全面总结中国特色社会主义法治建设的经验,科学概括中国特色社会主义法治道路。核心的问题是:中国特色社会主义法治道路是如何形成的,怎样概括中国特色社会主义法治的本质特征和基本标志,为什么要坚定不移地走中国特色社会主义法治道路。本文拟就这些核心问题略述个人的见解。

一 中国特色社会主义法治道路的形成

关于中国特色社会主义道路的形成,理论界的观点并非一致。有些人认为,中国特色社会主义道路事业是从党的十一届三中全会开始的。有些人认为,中国特色社会主义道路(事业)从新中国成立初期甚至前夕就起步了。党的十七大报告通过一段非常精辟的论述消解了这一理论分歧。胡锦涛同志在十七大报告中指出:"我们要永远铭记,改革开放伟大事业,是在以毛泽东同志为核心的党的第一代中央领导集体创立毛泽东思想,带领全党全国各族人民建立新中国、取得社会主义革命和建设伟大成就以及艰辛探索社会主义建设规律取得宝贵经验的基础上进行的。新民主主义革命的胜利,社会主义基本制度的建立,为当代中国一切发展进步奠定了根本政治前提和制度基础。"② 本文认为,十七大报告的这个判断完全符合中国特色社会主义道路的历史轨迹,也完全符合中国特色社会主义法治道路的历史轨迹。中国特

---

① 胡锦涛:《在纪念党的十一届三中全会召开 30 周年大会上的讲话》,《人民日报》2008 年 12 月 19 日。
② 胡锦涛:《高举中国特色社会主义伟大旗帜 为夺取全面建设小康社会新胜利而奋斗——在中国共产党第十七次全国代表大会上的报告》,《人民日报》2007 年 10 月 25 日。

色社会主义法治道路是在漫长的历史前奏和艰辛的实践探索之后形成的，并将不断拓展下去。

（一）中国特色社会主义法治道路的形成过程

新民主主义法制是中国特色社会主义法治的前奏。从我们党建立革命根据地并实施对根据地经济、政治和社会事务的治理开始，就伴随着新民主主义法制建设。除了1931年11月在江西瑞金颁布的《中华苏维埃共和国宪法大纲》、1941年颁布实施的《陕甘宁边区施政纲领》和1946年颁布的《陕甘宁边区宪法原则》，还包括许多有关土地、婚姻、契约、刑罚等方面的规范性文件，同时还建立了相应的司法机构。1949年9月29日中国人民政治协商会议第一届全体会议通过的《中国人民政治协商会议共同纲领》是新民主主义法制建设的结晶。新民主主义法制建设实践为新中国社会主义法制建设和改革开放新时期中国特色社会主义法治建设积累了很多宝贵经验。

从中华人民共和国成立到党的十一届三中全会，是我国社会主义法治建设艰辛探索、几经曲折的历史时期。社会主义法制建设先是取得了重大成就，而后逐渐丧失殆尽。在此期间，党和政府曾经高度重视法制建设。新中国成立之初，面对百废待兴、无法无天的局面，中央人民政府以《共同纲领》为基本依据，迅速制定了有关惩治反革命罪、贪污罪以及其他刑事犯罪和处罚破坏社会治安行为的法律、法令、法规，制定了有关婚姻家庭、土地改革、土地管理、公私合营、农业生产合作社、财政税收、物价监控、对外贸易、海关管理、会计、金融、保险、经营合同等方面的法律、法令、法规，制定了有关法院、检察院（检察署）和人民调解委员会的暂行组织条例，有关刑事拘留逮捕的规定，有关刑事审判和民事审判基本程序的规定，开展了司法改革，召开了多次全国司法工作会议。1953年9月，中央人民政府委员会第27次会议通过的彭真同志的《关于政治法律工作的报告》提出"要逐步实行比较完备的人民民主的法制"。① 1954 年制定了《中华人民共和国宪法》。毛泽东主席担任宪法起草委员会主席，并亲自主持了宪法起草。这部宪法以人民民主和社会主义两大原则为统领，规定了我国的国体、政体、国家机构、公民基本权利和义务等。根据宪法又制定了《中华人民共和国全国人民代表大会组织法》、《中华人民共和国国务院组织法》、《中华人民共和国人民法院组织法》、《中华人民共和国人民检察院组织法》和《中华人民共和国地方各级人民代表大会和地方各级人民委员会组织法》等一批基本法律和重要法令，基本实现了人民民主的法律化、制度化，确立了社会主义中国的基本政治制度、立法体制、司法制度以及社会主义法制的基本原则。"五四"宪法和这些基本法律、法令的制定，完成了从新民主主义法制到社会主义法制的过渡。1956 年党的八大进一步强调，随着革命暴风雨时期的结束和社会主义建设时期的到来，应着手系统地制定比较完备的法律，健全国家的法制。但令人痛心的是，1957 年以后，由于受"匈牙利事件""反右斗争"等国际国内复杂形势的严重干扰和"要人治不要法治"等"左"的思潮影响，我国法制建设停滞不前，甚至倒退，到了"文化大革命"期间，更是遭到了惨重的破坏。

1978 年 12 月，具有伟大历史意义的党的十一届三中全会在北京召开。这次会议在做出把党和国家工作的重心由以阶级斗争为纲转向以经济建设为中心的决策的同时，向全党全国人民发出了"健全社会主义民主，加强社会主义法制"的号召，并提出了"有法可依、有法必依、执法必严、违法必究"的法制工作方针。党的十一届三中全会开辟了建设中国特色社会主义伟大事业的道路，也开启了中国特色社会主义法治建设的道路。

在中国特色社会主义法治道路形成和发展过程中，邓小平同志做出了重大的历史性贡献。邓小平同志在创立建设中国特色社会主义理

---

① 彭真：《论新中国的政法工作》，中央文献出版社，1992，第 88 页。

论和领导中国特色社会主义事业的过程中，深刻地总结了我国和其他社会主义国家在民主和法制建设方面的经验教训，并根据我国改革开放和社会主义民主法制建设的实践经验，创立了中国特色社会主义民主法制理论。邓小平同志从建设中国特色社会主义的战略高度来思考民主法制问题，把民主法制建设放在什么是社会主义、怎样建设社会主义的总体框架之内谋划。邓小平同志注重从总结历史经验和教训，防止出现大失误和严重错误，特别是避免"文化大革命"那样的悲剧重演的历史深度来论述民主和法制问题，强调社会主义民主的制度化、法律化，使这种制度和法律不因领导人的改变而改变，不因领导人看法和注意力的改变而改变。① 邓小平同志反复告诫全党和全国人民，国家的稳定和长治久安不能寄托在一两个人身上，搞人治危险得很，而搞法制才靠得住。由于问题提得如此敏锐和鲜明，所以邓小平同志把加强民主法制建设作为我们党和国家坚定不移的基本方针。他指出："为了实现四个现代化，必须发扬社会主义民主和加强社会主义法制。"② "我们坚持发展民主和法制，这是我们党的坚定不移的方针。"③ "要继续发展社会主义民主，健全社会主义法制。这是三中全会以来中央坚定不移的基本方针，今后也决不允许有任何动摇。"④ 1992年从领导岗位上退下来以后，邓小平同志仍然关切地指出，中国的事情"还是要靠法律制度，搞法制靠得住些"。⑤ 笔者认为，这是小平同志对中央领导同志最重要的政治交代，是对全党和全国各族人民最深切的遗嘱。可以这样说，邓小平同志开辟了中国特色社会主义道路，也开辟了中国特色社会主义法治建设的道路。

在中国特色社会主义法治道路形成和发展过程中，江泽民同志和

---

① 参见《邓小平文选》第2卷，人民出版社，1983，第146页。
② 《邓小平文选》第2卷，人民出版社，1983，第187页。
③ 《邓小平文选》第2卷，人民出版社，1983，第256~257页。
④ 《邓小平文选》第2卷，人民出版社，1983，第359页。
⑤ 《邓小平文选》第3卷，人民出版社，1993，第379页。

胡锦涛同志发挥了承前启后、继往开来的重大作用。1989年9月，江泽民同志在就任总书记后的第一次记者招待会上就公开宣布："我们绝不能以党代政，也绝不能以党代法。这也是新闻界讲的究竟是人治还是法治的问题，我想我们一定要遵循法治的方针。"① 之后，江泽民同志就法治问题发表了一系列重要讲话。特别是1996年2月8日，在中央第三次法制讲座上，江泽民同志郑重提出要依法治国，并对依法治国的重大意义进行了全面深刻的阐述。1997年9月，具有历史意义的党的十五大召开，江泽民同志在报告中明确提出要"依法治国，建设社会主义法治国家"，并对依法治国基本方略的内涵做出了科学阐释。1999年3月，根据中共中央的建议，九届全国人大第二次会议将"依法治国，建设社会主义法治国家"正式写入了宪法修正案。

党的十六大以后，以胡锦涛同志为总书记的新一届中央领导集体高举邓小平理论和"三个代表"重要思想的伟大旗帜，领导全国人民全面建设小康社会，构建社会主义和谐社会，实施党的建设新的伟大工程，致力于世界的和平、合作与和谐，在这些新的伟大实践中，提炼并不断丰富了科学发展观。科学发展观理论体系包含着深刻而丰富的法治思想。这些法治思想通过一系列命题和论断得以系统表达。诸如"以人为本"、"政治文明"、"和谐社会"、"公平正义"、"社会全面进步"、"宪法法律至上"、"依宪治国"、"依法执政"、"依宪执政"、"尊重和保障人权"、"社会主义法治理念"和"弘扬法治精神"等科学命题，"法治是人类文明进步的重要标志"、"法治是以和平理性的方式解决社会矛盾的最佳途径"、"人与人的和睦相处，人与自然的和谐相处，国家与国家的和平共处，都需要法治加以规范和维护"、"社会主义政治文明的本质特征是党的领导、人民当家作主、依法治国的有机统一"，政治体制改革"以保证人民当家作主为根本，以增强党和国家活力、调动人民积极性为目标，扩大社会主义民主，建设

---

① 《就我国内政外交问题江泽民等答中外记者问》，《人民日报》1989年9月27日。

社会主义法治国家，发展社会主义政治文明"等科学论断。这些命题和论断极大地丰富和深化了社会主义法治理念和马克思主义法学理论，有力地推进了中国特色社会主义法治建设，极大地拓展了中国特色社会主义法治道路。

（二）中国特色社会主义法治道路形成和发展的基本特点

在中国特色社会主义法治道路形成和发展过程中，始终伴随着"反封建""反极'左'""反西化"的思想斗争和政治斗争。这在世界各国法治建设历史上是十分独特的现象。

1. 反封建

按照人类历史的进化或变迁规律，社会主义是从资本主义发展而来的，因此，社会主义法治只有一个对立面，即资本主义法治。然而，由于特殊的历史条件，中国社会主义社会是从半殖民地、半封建社会走过来的，加上我国封建社会的历史有3000多年，旧社会留给我们的民主法治传统很少，更多的是封建的专制主义，所以，在我国进行社会主义法治建设首先面对的是反封建的历史任务。封建主义是以人治和专制为特征的。封建主义的人治和专制理念以君权神授、君临天下、专制独裁、权大于法为核心，强调国家至上、君本位、官本位、义务本位，漠视个人权利及其保护，主张德主刑辅、法律道德化，信奉重刑主义，实行严刑峻法，诸法合一，以刑为本，依靠刑讯逼供，屈打成招，甚至迷信神明裁判。由于封建主义传统根深蒂固，在我国社会主义法治建设的整个进程中，将始终伴随着反对封建主义的人治和专制的历史任务。

2. 反极"左"

在建设中国特色社会主义法治的过程中，我们曾深受极"左"思潮的干扰和破坏，也正是摆脱了"左"的干扰破坏，才走上了法治的道路。极"左"的政治思潮与封建的人治和专制遗传往往交织在一起，其主要表现是：法律虚无主义，要人治，不要法治；热衷大轰大嗡、无法无天的群众运动，依靠群众运动解决社会矛盾，甚至实行群众专政、群众办案，而无视法律程序；把政法机关简单地视为阶级斗争的工具和无产阶级专政的"刀把子"，重视法律的强制和惩罚功能，忽视其保护人权的功能。"左"的政治思潮还突出表现为领导人凌驾于法律和法律机关之上的特权思想，无视法律的制约和监督，特别是当个人意志和主张与法律冲突的时候往往以权代法、以言废法、法随言出。在党和国家的政治生活中，"左"的东西根深蒂固，由来已久，危害很大。法律虚无主义思想和要人治不要法治的"左"的政治思维，使新中国成立后开局良好的法制建设一度处于停滞状态甚至发生大倒退。鉴于政治和法治领域"左"的东西根深蒂固、危害极大，所以，必须始终警惕和反对"要人治、不要法治"的"左"的政治思潮，牢记邓小平同志的反复告诫和党章的明确规定，要反对一切"左"的和右的错误倾向，要警惕右，但主要是防止"左"。

3. 反西化

清末民初以来，在法治领域始终存在西化与反西化的争论和斗争。新中国成立之初，我们摒弃"西化"搞了全盘"苏化"之后，中苏两党两国关系急剧恶化，苏联的那一套本来很"左"的东西随之被我们当作修正主义的东西而抛弃。改革开放以后，在邓小平理论的正确指导下，我们在法治建设和法制现代化方面既面向未来也面向世界，学习西方有益的法治经验，但是不搞全盘西化。我们知道，现代法治起源于西方，西方资本主义法治理念较之封建主义人治和专制理念具有文明意义上的历史进步性，如：提倡依法而治、法律至上，法律面前人人平等；宣布公民享有充分人权，承认私人劳动成果，保护私有财产，契约自由，注重法律程序，非溯及既往，罪刑法定，无罪推定，疑罪从无，辩护制度；等等。我们应当在立足国情的基础上对西方资本主义法治理念和法治经验加以借鉴。改革开放以来，我们正是通过大胆借鉴吸收西方法治的有益经验，加速了我国的立法进程，在不太长的时间内初步建立起了适应我国市场经济和社会发展的法律体系，同时改革了我国的执法、司法体制和工作机制，提高了执法和司法的水平。但是，西方资本主义法治理念和法治模式并不具有普遍性，更不是人类法治文明的唯一坐标，对西方资本主义法治理念和法治模式照抄照搬，对于社会主义法治建设和政治文明建设是有害的。事实上，西方资本主义法治理念给我们带来的消极影响也不可忽视。我们时常看到，在法律实践中，有的简单套用西方的一些"法律术语"，造成执法思想和执法活动中的混乱；有的不从我国国情出发，片面崇尚西方的法律制度，甚至盲目崇拜"三权分立""多党制""两院制"等；有的打着政治体制改革和司法体制改革的旗号，鼓吹"三权分立"，否定人民代表大会制度，否定党对法治工作的领导，主张政法机关非党化、非政治化；等等。正是在警惕和反对全盘西化思潮的过程中，中国特色社会主义法治建设经受住了考验，不断走上科学发展的道路。

（三）"中国特色社会主义法治"命题的演化过程

在中国特色社会主义法治道路形成和发展过程中，有关命题也在不断地精确和丰富。在党的文献中，"中国特色社会主义"命题是从"有中国特色的社会主义""有中国特色社会主义"命题演化而来的。它们是中国特色社会主义发展不同阶段的概念和理论表现。

20世纪80年代初，在党的十二大前后，邓小平同志多次提出"建设有中国特色的社会主义"，这个命题显然是针对苏联模式的社会主义即一般模式的社会主义。苏联模式的社会主义是"左"的社会主义，"僵化的"社会主义，是葬送社会主义前途命运的"社会主义"，我们要建设与苏联模式、一般模式的社会主义不同的、有中国自己特色的社会主义。党的十三大正式提出"沿着有中国特色的社会主义道路前进"。

党的十四大提出"有中国特色社会主义"，这个命题较之以前的命题,去掉了一个"的"字,表明经过十多年的经济体制改革和政治体制改革,中国社会关系和社会结构发生了深刻变化,甚至可以说是革命性的变化。我们党领导人民走出了一条独具特色的中国式的社会主义:在经济上从摆脱计划经济体制起步,提出有计划的商品经济体制,再提出社会主义市场经济体制;在政治上提出民主法制化、法制民主化,积极推进政治体制改革,深入发展社会主义民主政治;在文化和社会生活各个领域展示了自由、多元、开放、有序的局面,这些都标志着在世界上开始出现了"有中国特色社会主义",已经出现了"中国模式的社会主义"或"社会主义的中国模式"。

党的十六大在"有中国特色社会主义"命题中再去掉一个"有"字,提出"中国特色社会主义"新命题。这一细微的文字变化却有着划时代的意义,表明社会主义的中国经验更加丰富、中国模式更加成熟。如果说"有中国特色的社会主义"命题表明"有中国特色"与"社会主义"两个元素的结合,"有中国特色社会主义"命题表明社会主义的中国特色已经形成,那么,"中国特色社会主义"命题则是一个崭新的独立的命题,表明社会主义的中国模式已经完全形成。

法治建设领域同样经历了从"有中国特色的社会主义法制(法治)"到"有中国特色社会主义法制(法治)",再到"中国特色社会主义法治"命题的演化过程。这些命题的演化标示着中国特色社会主义法治建设的历程和成就。当法学界普遍使用"中国特色社会主义法治"这一命题的时候,表明法治建设的中国经验已经成熟,中国道路、中国模式已经十分鲜明,甚至可以预言,中华法系将在 21 世纪迎来伟大的复兴。

二 中国特色社会主义法治的本质特征和基本标志

在学术论著中,我们可以搜索出许多有关法治的普遍特征和一般标志的概括和论述。然而,有关"中国特色社会主义法治"的本质特征和基本标志的理论概括十分少见。

(一) 法治的一般特征和基本标志

关于法治的一般特征和标志或者说一般法治的基本特征和标志，中外法学家们有着各种不尽相同的表述。最为经典的是古希腊圣哲亚里士多德的论述："法治应包含两重意义：已成立的法律获得普遍的服从，而大家所服从的法律又应该本身是制订得良好的法律。"① 我国法学家对法治的普遍特征和一般标志也有很多精辟的论述。例如，李步云教授指出，法治应有十个标志原则：法制完备；主权在民；人权保障；权力制约；法律平等；法律至上；依法行政；司法独立；程序公正；党要守法。② 郭道晖教授认为，法治应当包括九个要素（标志），法治国家必须是：民权至上，民意至高；法律至上；人权神圣不可侵犯；人民的权利应得到宪法的最高保障；法治下的自由优先；平等，包括法律平等，机会平等，人格平等，权利平等；坚持公平和效率；坚持维护安全和稳定；坚持程序的公正和政务的公开。李林教授认为，依法治国，建设社会主义法治国家应坚持以下法治原则：人民主权原则；法律至上原则；人权原则；立法优位原则；依法行政原则；司法独立原则。

笔者认为，"法治"是一个内含民主、自由、平等、人权、理性、文明、秩序、正义、效益与合法性等诸社会价值的综合观念。法治的基本标志有以下五点。第一，"法律之治"。所谓"法律之治"意味着：社会行为和社会关系均要纳入法律的轨道，接受法律的调整；凝聚公意的宪法和法律高于任何个人、政党和社会团体的意志，有至上的效力和权威；政府的一切权力均源于宪法和法律，且要依既定和公开的法律行使；公民受法律平等保护，任何人（包括政府）都不得享有法外特权，任何人违法都要受法律的制裁。第二，"人民主体"。法

---

① 〔古希腊〕亚里士多德：《政治学》，吴寿彭译，商务印书馆，1965，第199页。
② 李步云：《法理探索》，湖南人民出版社，2003，第9~13页。

治国家必然是人民民主、人民主权的国家,所以,法治的主体是人民。那种认为法治的主体是国家机关,人民群众是法治的客体,依法治国就是依法治民的观念是错误的。法治和法治国家以人民主体为原则,其理由还在于"一个切实可行并有效的法律制度必须以民众的广泛接受为基础"。① 第三,"有限政府"。依法而治的政府只能是权力受到限制的政府,这是法治国家的核心环节。因此,宪法必须对一切授予政府的权力,以及这些权力的分配、取得和行使方式有明确的规定,并确保政府权力的行使是在服从宪法和法律的前提下进行;政府的权力尽管强而有力,但必须限于公民权利范围之外;权力机关及司法机关必须有能力对政府行为的合法性进行独立审查;司法应当公正、高效、权威、和谐。第四,"社会自治"。一个以市场为中心的平等、自由和协商的社会领域始终是法治国家的根基所在。国家和政府作为社会公共领域在制度上的一种延伸,尽管掌握维护法律秩序所必需的权力,但本身不得侵入、压制或并吞社会的制度空间,否则,法治也就蜕变成赤裸裸的专制。第五,"程序中立"。任何决策都应当在平等地听取各方意见的前提下做出,禁止任何政治势力违背正当的法律程序,盗用国家机器实施压制性统治。司法、行政和立法制度的安排不应为公民的参与和对话设置实质性障碍,有关决策应建立在协商对话性共识的基础上。

在对法治国家进行探索的基础上,法学家们也十分关注国际社会的法治问题。1963年建立的"通过法律维护世界和平中心"(后更名为"世界法学家协会")旨在帮助创建"一个新的法治社会:强者面对公正、弱者得到保护、和平得以永续"。该协会于1990年在北京召开了第14届世界法律大会。会上发表的《北京宣言》强调:"世界和平与发展必须建立在公正、合理和有效的法律原则基础上。"2005年

---

① 〔美〕E. 博登海默:《法理学:法律哲学与法律方法》,邓正来译,中国政法大学出版社,1999,第358页。

该协会在北京和上海召开了第22届世界法律大会。大会代表围绕"法治与国际和谐社会"这一主题，就法治、联合国改革、国际恐怖主义、投资、司法与传媒、国际环境、人权、非诉讼解决争议等22个专题进行了讨论，达成了广泛共识。大会通过的《上海宣言》认为，法治是人类文明和进步的重要标志，是用和平理性的方式解决社会矛盾的最佳途径。通过法治构建国际和谐社会符合世界各国人民要和平、谋发展、促合作的共同心愿，需要各国人民共同努力。

2005年5月24~29日，第22届世界法哲学及社会哲学大会在西班牙南部古城格拉纳达召开。会后发表了由哈贝马斯等学者拟定的一份关于全球化的宣言。宣言也包含与会者对全球法治的共识，即必须将平等、自由融入全人类的价值体系，并从而将全球化的方方面面均纳入法治的范围。法治之法应服从一般民众的意志，而非少数几个人的意愿。宣言表达了全球正义、全球民主、全人类平等自由的法治理念。

（二）对中国特色社会主义法治本质特征和基本标志的理论概括

在人类社会法治文明的平台上，我们从中国国情出发，形成了中国特色社会主义法治。中国特色社会主义法治是中国特色社会主义的组成部分，也是中国特色社会主义的主要标志，与社会主义市场经济、社会主义民主政治、社会主义先进文化、社会主义和谐社会共同构成了中国特色社会主义的基本元素。没有法治的社会主义是虚伪的社会主义，没有中国特色社会主义法治，也谈不上中国特色社会主义。经历三十年改革、建设和发展，我们可以十分自豪而有理有据地说，我们探索出了一条建设中国特色社会主义法治的道路，并已经形成了中国特色社会主义法治。中国特色社会主义法治的本质特征与基本标志可以概括为以下几个主要方面。

1. 党的领导、人民民主、依法治国的有机统一

其中，坚持中国共产党的领导是人民民主和依法治国的根本保

证。人民民主是社会主义法治的本质要求，依法治国是党领导人民治理国家的基本方略，是坚持和完善党的领导、实现人民当家作主的基本途径和法治保证。西方法治的基本标志是民主与法治国家，中国特色社会主义法治的基本标志则包括党的领导。

中国特色社会主义法治的根本保证是党的领导。现代世界绝大多数国家是以政党政治为特征的。在政党政治中，政治纲领的提出和国家机构的产生与更替都通过政党的活动来实现。当代中国的政党制度是中国共产党领导的多党合作和政治协商制度。在这种制度中，中国共产党是执政党，是领导核心。中国共产党不仅在政党体系中是领导核心，在整个政治体系中也是领导核心。没有中国共产党的领导，法治就会流于空谈空想，就会偏离正确方向。所以，在我国法治现代化的整个历史过程中，在依法治国的各个方面和各个主要环节上，都必须强调始终坚持党的领导，防止淡化、弱化、虚化党的领导讲法治，脱离党的领导搞立法、执法和司法。

中国特色社会主义法治的本质是人民民主，即人民当家作主。民主既是法治的前提和基础，更是法治的本质和动力。坚持人民民主，关键是要坚持和创新人民代表大会制度。人民代表大会制度是我国的根本政治制度，是我国人民民主专政国家的组织形式和运行机制，是中国特色社会主义民主政治和法治的优势和力量所在。以人民民主为本质的法治，必须以维护和发展最广大人民群众的根本利益为出发点和落脚点，必须切实尊重和保障人权。法治的真谛，法治的试金石，均在于对人民根本利益的维护和发展，在于对人权的尊重和保障。

中国特色社会主义法治的精髓是依法治国，建设社会主义法治国家。依法治国理念来源于法治的理念。现代法治理念，同现代社会的制度文明密不可分。法治主要是制度范畴，而不是简单的依法办事。任何现代法治都意味着对国家公权力的限制，对权力滥用的制约，对公民自由与权利的平等保护等；意味着国家机关的立法、行政、司法以及其他公共活动必须服从法律的一些基本原则，诸如人民主权原则、人权原则、正义的原则、公平合理且迅捷的程序保障原则等。法治要求政府维护和保障法律秩序，同样也要求人民尊重和服从法律。在我国依法治国，建设社会主义法治国家的过程中，逐步形成了中国特色社会主义法治理念，依法治权、依宪治国和良法善治。法治理念的核心是依法治国。这里的"国"是作为国家机器和公共权力意义的"国"。所以，依法治国就是要依法治权，把权力纳入法治的轨道。依法治国的"法"，包括宪法、法律、行政法规、地方性法规等。其中最重要的是宪法，所以依法治国首先是依宪治国。依法治国的"法"本质上是"良法"，即体现人民意志、维护人民利益、保障人民权利的法律，反映客观规律，并且制定得良好的法律。因此，依法治国是良法善治。除了党的领导、人民民主、依法治国之外，社会主义法治理念还包括公平正义、执法为民、服务大局等。

2. 依法治国与依法执政的有机统一

党的十五大确立了依法治国基本方略，党的十六大正式提出了依法执政基本方式。依法治国基本方略与依法执政基本方式的有机统一，既保证了社会主义法治的政治方向，又为社会主义法治提供了坚实的政治基础和政治保障。依法执政基本方式的确立，反映了中国共产党人对国家与政权规律的深刻认识，对现代政党制度、政党政治和执政党执政规律的深刻认识，对自己从领导人民为夺取国家政权而奋斗的党（革命党）到成为领导人民掌握全国政权并长期执政的党（执政党）这一历史地位的根本性转变的深刻认识，对自己半个多世纪执政经验和教训的深刻反思和科学总结，对自己如何担当起执政党的使命、如何巩固执政地位、如何提高执政能力、如何执政兴国等根本性问题的深刻认识和理性自觉。对依法执政与依法治国关系的深刻认识，对依法执政与立法、执法、司法等关系的深刻认识，是中国共产党执政意识的升华，是依法治国理论的丰富。依法执政基本方式的确立体现了当代中国共产党人及其领导集体立党为公、执政为民的宗旨和总揽全局、协调各方的政治智慧和执政能力。

依法执政是中国共产党执政方式的历史性变革，这一变革的意义在于，我们党彻底摒弃了自20世纪50年代形成并延续到70年代末的党内盛行的"法律只能作为办事的参考""要人治不要法治"的传统习惯，也超越了20世纪80年代初期党中央提出的"党必须在宪法和法律的范围内活动"的一般要求，实现了党既严格守法又领导立法、保证执法和司法的有机统一，实现了党的领导、人民当家作主、依法治国的有机统一，极大地推动了中国社会主义法治文明的进步。

3. 依法治国与以德治国的有机统一

依法治国是政治文明的标志，以德治国是精神文明的标志。法律与道德的关系问题，历来是政治家、法学家关心的基本问题。党的十五大以来，党中央总结古今中外治国的成功经验，明确提出了依法治国与以德治国相结合的治国思想。在2001年全国宣传部长会议上，江泽民同志深刻地指出：我们在建设有中国特色社会主义，发展社会主义市场经济的过程中，要坚持不懈地加强社会主义法制建设，依法治国，同时也要坚持不懈地加强社会主义道德建设，以德治国……我们应始终注意把法制建设与道德建设紧密结合起来，把依法治国与以德治国紧密结合起来。但是，这一思想并未马上得到法学界的认同，因为在法学家的视野里法治和德治是两种完全对立的治国方式。我们如何能把这两种对立的治国方式结合起来呢？党的十六大报告将依法治国与以德治国相结合确定为党领导人民建设中国特色社会主义必须坚持的基本经验，并把依法治国纳入政治文明的范畴，在政治建设部分加以论述，把以德治国纳入精神文明的范畴，在文化建设部分加以论述。这表明依法治国属于政治建设和政治文明的范畴；以德治国属于思想建设和精神文明的范畴。

十六大报告关于依法治国与以德治国的深刻论述突破了法治、德治水火不容的传统思维定式，阐明了一种现代法治和新型德治相结合的治国新思路。按照这种治国新思路，依法治国与以德治国并不是彼此对立、矛盾的，而是相互补充、促进的。依法治国属于政治文明范畴，是治理国家的主要方式。以德治国属于精神文明范畴，是思想建设的主要方式，主要是以德教民、以德化民、以德育人。这样，在立法、执法、司法、法律监督、法律解释等政治法律活动中，必须严格遵循法治的精神、原则和方法，不得以德治取代或冲击法治。而在相当广泛的社会生活领域和精神文明建设中，必须强调德治的精神、原则和方法，不能一味地用法律的强制手段解决思想道德问题，要注重弘扬和培育民族精神，提高全民族的思想道德素质。

4. 建设法治国家与建设法治社会的有机统一

法治国家与法治社会是互为依存、相辅相成的。我们既需要建设一个法治的国家，也需要建设一个法治的社会。在计划经济和人治条件下，国家与社会一体化；在市场经济和民主政治条件下，国家与社会二元化，即呈现二元结构。所以，对应法治国家，需要提出法治社会。法治国家表征"公域"之治，法治社会表征"私域"之治。在法治国家范畴内，法治意味着民主法律化、制度化，意味着将公共权力纳入法治的轨道，实现共产党作为执政党依法执政，各民主党派作为参政党依法参政；全国人民代表大会和地方各级人民代表大会依宪立法、民主立法、科学立法，依法决定国家大事，依法实施对行政权、司法权和其他国家权力运行的监督，保障宪法和法律实施；各级人民政府切实尊重和保障人权，依法行政、建设法治政府；司法机关为民司法、公正司法、廉洁司法、和谐司法，维护社会公平正义、维护社会和谐稳定，促进经济社会科学发展。

尽管法治国家是法治的决定性因素，但是仅有公共领域的法治是远远不够的，还应有法治社会。在法治社会的范畴内，法治首先意味着在经济和社会生活领域，有法可依、有法必依，无论是公民，还是法人，都必须尊重法律，维护法律的尊严和权威；意味着全体公民和法人学法、懂法、用法、守法、护法，树立社会主义民主法治、自由平等、公平正义理念。其次，法治意味着广泛的社会自治，各种各样的非政府组织诸如城市的居民委员会、农村的村民委员会、受国家机关委托代行某种社会公共行政权力的中介组织（如消费者协会、律师协会、会计师协会等）日益扮演着公共治理的角色，各种各样的民间法、软法、社团规范、乡规民约、道德习俗、纪律政策等发挥着法律无法替代的作用。总之，法治国家引领法治社会，法治社会为依法治国构筑坚实的社会基础。

5. 继承中华传统法律文化优秀基因与借鉴人类社会法治文明成果的有机统一

继承与借鉴是加快法治建设、实现法治现代化的必由之路。中国是世界文明发源地之一，法制文明是中国古代文明的重要构成和明显标志。中国古代法制文明中有许多超越时空、具有普遍价值的因素。例如，注重法律的人文精神，强调以人为本，以民为本，社会和合；善于通过人文精神对社会成员心理和观念世界的整合与引领，来维系和规范、引导整个社会；注重礼法互补，主张德治与法治并存，强调明德慎刑；注重法律的教育功能，主张以法为教，强调法律的任务不仅是"禁暴惩奸"，而且要"弘风阐化"，仁义礼乐者，皆出于法；注重治国者、执法者的道德品质以及对国家的责任感和使命感，主张为官者、执法者要清正廉洁，光明正大，发挥以吏为师的榜样作用；注重法律的综合意义，主张对法律条文和典籍从天理、国法、人情的有机结合上予以解释和注释，法律的实施不能就事论事；注重变法促进，强调通过变法革新来解决社会深层次矛盾，保持社会稳定，推动社会发展。改革开放以来，我们加强了法律文化研究，在对中华传统法律文化的丰富资源进行梳理和甄别的基础上，对其进行了现代化的改造和扬弃，把那些能够与以科学、理性、民主、自由、公平、人权、法治、和平、秩序、效率为内容的时代精神融为一体的文化传统融入社会主义法治之中，使中国法治的民族精神和时代精神浑然一体。

在梳理和继承中华法律文化优秀传统的同时，我们十分理性地重视借鉴和吸纳以西方法治文明为主体的现代法治文明成果。人类社会创造的法治文明具有普遍意义，尤其是近代以来基于启蒙思想而形成的依法而治（法治国）、权力制约、人权至上、法律面前人人平等、契约自由、罪刑法定、正当程序等法治理念，反映了人类治理国家和社会的智慧和经验，反映了人类社会法治文明发展的一般规律。这些都体现在我国的立法、执法和司法活动之中。我们以古为今用、洋为中用、中西合璧、与时俱进的法治建设成就，彰显了中国社会主义法治的民族性、开放性、包容性和进步性。

基于上述对中国特色社会主义法治道路形成过程以及中国特色社会主义法治本质特征和基本标志的分析，我们可以得出一条基本结论：坚持走中国特色社会主义法治道路，就必须始终坚持党的领导、人民民主、依法治国的有机统一；坚持依法治国与依法执政的有机统一；坚持依法治国与以德治国的有机统一；坚持建设法治国家与建设法治社会的有机统一；坚持立足国情与面向世界、传承中华优秀法律文化传统与借鉴人类社会法治文明成果的有机统一。

（本文原载于《中国法学》2009年第6期）

改革、法治与国家治理现代化

姜明安[*]

党的十八届三中全会《中共中央关于全面深化改革若干重大问题的决定》（以下简称《决定》）指出："改革开放是决定当代中国命运的关键抉择，是党和人民事业大踏步赶上时代的重要法宝。"为此，"必须在新的历史起点上全面深化改革"。而全面深化改革所要实现的目标是什么呢？《决定》进一步指出："全面深化改革的总目标是完善和发展中国特色社会主义制度，推进国家治理体系和治理能力现代化。"另外，《决定》还专设一节，提出了推进法治中国建设的要求。那么，什么是国家治理现代化呢，或者说，现代国家治理有什么标准、什么特征？改革对于现代国家治理体系和治理能力的形成有什么作用，改革怎么推进现代国家治理体系和治理能力的形成？法治在现代国家治理中有什么地位与作用？在现代国家治理体系下，改革与法治又是什么样的关系呢？本文拟对这些问题做一些初步的探讨，尝试给出一些粗浅的答案。

一 现代国家治理的主要特征

相对于传统的国家治理，无论是古代的、近代的，还是计划经济时代的，甚或当下治理模式尚未转型的国度和地区的国家治理，现代国家治理呈现出下述五个方面的特征。

---

[*] 姜明安，北京大学宪法与行政法研究中心主任、教授。

（一）国家治理主体多元化

在英语中，现代国家治理一般使用 Governance 或 Public Governance（通常译为"公共治理"）或 Good Governance（通常译为"善治"）表述，而传统的国家治理则使用 Government（通常译为"统治"或"国家管理"）或 Administration（通常译为"行政"或"行政管理"）或 Regulation（通常译为"管制"或"规制"）表述。

Governance 与 Government 最大的区别就是主体不同，前者的主体是多元的，后者的主体是单一的。"从 20 世纪 80 年代开始，世界上许多国家和地区开始尝试重新配置公共权力，试图通过向社会组织、私营部门等开放权力的方式来提高国家管理的弹性与韧性。这股潮流被学术界总结为由'统治'向'治理'的转变"。[①] 所谓"统治"，即传统的国家治理，治理的主体只能是统治者，统治者不可能与被统治者分享统治权。在封建专制社会，国家治理权只能为国王、皇帝和从属于他们的国家官僚机器所垄断，不可能吸收其臣民参与国家管理；在传统的资本主义社会，国家治理权只能为总统、内阁、国会和司法系统所组成的政府（广义的政府）所垄断，尽管林肯在 19 世纪即提出了"民有、民治、民享"（The government of the people, by the people, and for the people）的口号，但人民在事实上很少或几乎没有参与国家管理的机会；在计划经济时代的社会主义社会，国家治理的主体主要是党和政府，尽管宪法规定国家的一切权力属于人民，[②] 但由于法律上缺少人民直接参与国家管理的途径和形式，人民通常不可能成为国家治理的直接主体。

而在现代社会的条件下，由于政治文明进步，代议制民主的缺陷（议会、政府过于为党派和党派所代表的少数群体利益，而不是为全

[①] 郑言、李猛：《推进国家治理体系与国家治理能力现代化》，《吉林大学社会科学学报》2014 年第 2 期。

[②] 如我国"五四宪法"第 2 条规定，"中华人民共和国的一切权力属于人民"；苏联 1936 年宪法第 3 条规定，"苏联全部权力属于城乡劳动者"。

体民众利益服务）日益为人们所认识，再加上科学技术，特别是互联网的发展，人民直接参与国家治理不仅显示出越来越明显的必要性，而且展示出越来越广泛的可能性，从而国家治理主体愈益多元化。各种社会组织、团体一方面通过自治参与社会治理（国家治理的组成部分），另一方面通过法律提供的途径和形式直接参与国家治理，或者通过国家向社会转移部分公权力而获得国家治理权，进而成为公共治理主体（既具有狭义国家治理的性质，又具有社会治理的性质）。

国家治理主体的这种多元化趋势在传统的各种形式和领域的国家管理转型中均有所表现。无论是宏观的、整体的政府管理（Government），还是仅限于行政领域的行政管理（Administration），或者是仅限于对外部行政相对人的规制管理（Regulation），都日益显示出主体多元化的趋势，展现这种趋势的形式和途径是多种多样的，如听证会、论证会、网上讨论、辩论、政府职能外包、政府购买服务、志愿者服务、公私合作（PPP）等。我国目前作为国家治理主体的组织和个人包括国家机关、政党（其中执政党具有特别重要的地位）、社会团体（如工会、共青团、妇联等）、行业协会（如律协、医协、注协等）、非政府非营利性的社会公益组织（NGO、NPO）、基层自治组织（如村民委员会、居民委员会等），以及公民、法人和其他组织。

（二）国家治理客体立体化

传统国家治理以"民"为治理客体，无论是中国古代的法家、儒家，还是近代西方国家的自然法学家或法哲学家，都认为治国就是治民，或者以治民为治国之本、治国之要。鲁迅说，"孔夫子曾经计划过出色的治国方法，那都是为治民众者"；[1] 孟子说，"劳心者治人，劳力者治于人"，"无野人，莫养君子，无君子，莫治野人"；[2] 韩非

---

[1] 张国华、饶鑫贤：《中国法律思想史纲》，甘肃人民出版社，1984。
[2] 张国华、饶鑫贤：《中国法律思想史纲》，甘肃人民出版社，1984。

说,"治民无常,唯治为法";① 霍布斯说,在国家按约建立时,每一个人相互约定放弃自己的自然权利,并将这些权利转让于作为主权者的一个人(君主)或由一群人组成的议会。国家治理就是作为主权者的这个人(君主)或议会依约对放弃了自然权利的订约人进行治理。②

传统国家治理以"民"为治理客体主要受旧时代统治阶级统治观念的影响,同时也与旧时代社会、经济、政治关系相对简单有关。封建专制时代没有政党,没有市民社会,没有商品交换的市场。即使当时在一些国家、地区存在同业协会或某种民间组织,也不可能形成后世才有的市民社会;即使当时在一些国家、地区存在一定的物物交换或商品交换,也远远构不成今天的市场经济。在早期资本主义社会和计划经济的社会主义时代,国家治理的客体虽然比古代和中世纪时复杂,但也完全无法与当今时代相比。

现代国家治理客体已经完全立体化,治理不仅指治国(国家机关),而且指治党(特别是执政党)、治社会(社会团体、行业协会、社会自治组织等),还指治市场(商品、贸易、投资、金融等各种市场);不仅指治社会(广义的社会,包括国家、政党、市民社会和市场),而且指治生态环境(陆地、海洋、天空等);不仅指治现实世界,还指治虚拟世界(互联网);等等。

现代国家治理客体相对传统国家治理客体的变化不仅是社会经济、政治和科学技术发展进步的必然,同时也是人们观念、理念发展进步的结果。"民"不再是纯粹的、被动的治理客体,而是治理主体。"民"虽然在一定的时空也可能成为国家机关治理的对象,但在更多的时空,国家机关是"民"治理的客体。

(三) 国家治理目标人本化

传统国家治理主要追求统治秩序。例如,孔子为古代中国设计的

---

① 张国华、饶鑫贤:《中国法律思想史纲》,甘肃人民出版社,1984。
② 〔英〕霍布斯:《利维坦》,黎思复等译,商务印书馆,1985。

国家治理目标是"仁"和"礼",追求的是确立一种"亲亲""尊尊""君君、臣臣、父父、子子"的社会秩序。① 亚里士多德为古希腊城邦设计的国家治理目标是"中庸",追求的是建立一种中产阶级掌权的政体:"中产阶级既不像穷人那样希图他人财物,也不像富人那样引起穷人觊觎,既不会对别人抱有任何阴谋,也不会自相残害,从而可以保持邦国的稳定和持久。"② 我国在计划经济时代,国家治理坚持"以阶级斗争为纲",主要追求的是对被统治阶级专政的政治秩序。改革开放以后的一段时期内,我们在国家治理方面坚持"以经济建设为中心",但一些地方和部门将之推向极致,转换为"以GDP为中心""以GDP为纲",为追求GDP不惜牺牲生态环境,不惜牺牲国民的健康、自由和权利。

现代国家治理目标应该是以人为本,追求人的可持续发展、自由、幸福。无论是经济、政治、社会、文化,还是生态环境的治理,其最终目标均应是国民的福祉。无论是统治秩序,还是经济发展、改革开放,最后都应是为了人。离开了人的可持续发展、自由、幸福,发展和秩序都必然异化,就像我们当年以阶级斗争为纲、以粮为纲、以钢为纲,赶英超美一样,不仅没有真正促成经济的发展和社会的稳定,而且给人民带来了深重的灾难。

当然,现代国家治理目标以人为本,不是说我们的治理应该只考虑人的利益,而可以不顾及其他生命体的生存和发展。现代国家治理必须在以人为本的前提下,充分考虑和兼顾其他生命体的生存和发展。为其他生命体的生存和发展创设良好的环境和条件,既是我们人本身生存、发展、幸福的需要,更是我们现代人理性和文明的体现。

(四)国家治理方式规范化

传统国家治理方式的主要特征是专断、恣意、多变和神秘化。如

---

① 张国华、饶鑫贤:《中国法律思想史纲》,甘肃人民出版社,1984。
② 徐爱国、李桂林:《西方法律思想史》,北京大学出版社,2009。

申不害主张国君治国应"独视、独听、独断":"独视者则明,独听者则聪,能独断者,故可以为天下主。"① 孔子认为,统治者治国,只应让老百姓按照其政令去做,而不要让老百姓知道为什么:"民可使由之,不可使知之。"② 而且,孔子反对法治,反对治理规范化:"今弃是度也,而为刑鼎,民在鼎矣,何以尊贵?贵何业之守?贵贱无序,何以为国?"③

现代国家治理的方式则要求程序化、规范化,要求公开、透明、公正参与、协商、诚信和禁反言(Estoppel)。在现代法治国家,为了规范国家治理,一般都制定行政程序法、政府信息公开法、个人信息保护法,以法律规定国家治理行为的公开、公正、公平和国家治理行为应遵循的基本原则及制度,如信赖保护原则、比例原则、合理预期原则、告知制度、听取申辩制度、说明理由制度、听证制度、调查取证制度、政府发言人制度、政务网上公开和网上征求意见、讨论及辩论制度等。

公权力运作程序化、规范化对于现代国家治理具有非常重要的意义,它既是保障国家公权力和社会公权力行使公正和有效率的要求,也是防止公权力滥用、遏制腐败的要求。

(五) 国家治理手段文明化

传统国家治理手段多采用人治、礼治或权术之治。如柏拉图主张"哲学王"之治,他认为,哲学王具有勇敢、大度、聪敏、强记的天赋品质,由哲学王治理的国家是"第一好的国家"。"在哲学家成为城邦的统治者之前,无论城邦还是公民个人都不能终止邪恶,我们用理论想象出来的制度也不能实现。"④ 孔子主张"德治":"道之以政,齐

---

① 张国华、饶鑫贤:《中国法律思想史纲》,甘肃人民出版社,1984。
② 孔子:《论语》,陈国庆注译,陕西人民出版社,1996。
③ 张国华、饶鑫贤:《中国法律思想史纲》,甘肃人民出版社,1984。
④ 〔古希腊〕柏拉图:《理想国》,郭斌和等译,商务印书馆,1986。

之以刑，民免而无耻；道之以德，齐之以礼，有耻且格。"① 慎到、申不害、马基雅维里主张权势权术之治。慎到认为，"贤者未足以服众，而势位足以屈贤者也"。"尧为匹夫不能治三人，而桀为天子能乱天下。吾以此知势位之足恃，而贤者之不足慕也。"② 申不害提倡"君人南面之术"："术者，因任而授官，循名而责实，操杀生之柄，课群臣之能者也"，"藏于无事，示天下无为"。韩非对"术"也有几乎同样的解释："术者，藏之于胸中，以偶众端，而潜御群臣也。"③ 尼科洛·马基雅维里则把这种权术之治推向极致，他说，"那些曾经建立丰功伟绩的君主们却不重视守信，而是懂得怎样运用诡计，使人们晕头转向，并且终于把那些一本信义的人们征服了"。所以，君主要经常诉诸兽性，"君主必须是一头狐狸以便认识陷阱，同时又必须是一头狮子，以便使豺狼惊骇"。④ 依据尼科洛·马基雅维里的理论，统治者选择治理手段，只应问是否有效，而不要考虑是否正当。

现代国家治理显然不能运用上述手段。现代国家治理手段的选择不仅要考虑其有效性，而且要考虑其正当性和文明性。现代国家治理的基本手段是民主、法治、科学和文化。

民主包括代议制民主、参与式民主和协商式民主。早期的民主主要是代议制民主，但由于代议制民主在实际运作中产生了很多缺陷和弊病，代议机关的代表在立法和重大问题的决策中往往并不代表全体人民或绝大多数人民的利益和意志，而主要代表其所在党派的利益和某一特定利益群体的利益，因此，参与式民主和协商式民主作为代议制民主的补充，在现代国家治理过程中迅速发展起来，并且具有越来越重要的地位和作用。

法治包括形式法治和实质法治。形式法治主要要求国家治理有法

---

① 孔子：《论语》，陈国庆注译，陕西人民出版社，1996。
② 张国华、饶鑫贤：《中国法律思想史纲》，甘肃人民出版社，1984。
③ 张国华、饶鑫贤：《中国法律思想史纲》，甘肃人民出版社，1984。
④ 〔意〕尼科洛·马基雅维里：《君主论》，潘汉典译，商务印书馆，1985。

可依、有法必依、执法必严、违法必究。而实质法治不仅要求国家治理严格守法、依法，而且要求所守、所依之法是"良法"；不仅要求国家治理遵循法律的具体条文、规则，而且要遵循法律的原理、原则、精神和法治理念；不仅要求国家治理依硬法办事，而且要自觉依软法（非由国家强制力保障实施的法，如宪法惯例、法律基本原则、社会公权力组织章程和自律规则、执政党党内法规、国家机关发布的政策性纲要和指南，以及有关公权力主体之间就公共事务签订的协议等）办事，自觉受软法约束。

相较传统国家治理，在现代国家治理中，科学具有更加重要的地位。这是因为现代国家治理比传统国家治理所要解决的问题复杂得多。比如，互联网安全问题、转基因食品审批许可问题、PX工程建设选址问题、雾霾治理问题等，这些都是传统国家治理中不曾遇到或不可能遇到的问题。显然，要对这些问题做出正确决策，必须在坚持民主法治的前提下，进行充分的科学论证，即同时运用科学的手段，才能获取解决问题的最优或较优方案。

在我们过去一个时期的国家治理中，文化手段的作用并未得到应有的足够重视。尤其是对于文化中软的一方面，即塑造人的精神、信仰、灵魂的价值观和人的理念方面，[①] 人们更是有所忽视。之所以如此，是因为在国家治理中，文化手段的效果往往是长期性的、间接的，是"润物细无声"和不易为人们所察觉的，它难以满足人们"短、平、快"的预期。但是，文化这种软手段的作用在现代国家治理中却是不可或缺的。没有文化的熏陶，国民信仰迷失，一些人既不信马克思列宁主义，也不信孔孟，也不信宗教，从而不讲诚信、不讲道德、不守法律，失去了做人的底线，乃至做出欺骗和暴力行为。这对于国家、社会来说是十分可怕的。因此，在现代国家治理中，要综合、平衡、协调运用民主、法治、科学和文化的手段（包括适当发挥宗教对

[①] 这里，文化中硬的一方面，指文化产业方面。

社会稳定的作用），使之产生最佳的治理效果，以最有效地实现治理目标。

二 改革对推进国家治理现代化的作用

《中华人民共和国宪法》曾向国人提出实现工业、农业、国防和科学技术"四个现代化"的重大历史任务，党的十八大进一步提出了新型工业化、信息化、城镇化和农业现代化的"新四个现代化"任务，党的十八届三中全会又提出推进国家治理体系和治理能力现代化的任务。国家治理现代化与"四个现代化"和"新四个现代化"是什么关系？我们如何才能在实现"四个现代化"和"新四个现代化"的同时实现国家治理现代化？

毫无疑问，根据中国国情，创建我国国家现代化的基础和基本条件只能通过革命实现。没有中国共产党领导中国人民进行的28年艰苦卓绝的革命，推翻"三座大山"、建立新中国，任何现代化都只能是"水中月""镜中花"。但是，革命只能创造国家现代化的基础和基本条件，国家现代化本身的实现却必须通过建设和改革。就"四个现代化"和"新四个现代化"而言，改革虽然是其实现的首要条件，但推进科学发展和技术进步同样对之有着极为重要的意义。而就国家治理现代化而言，改革不仅是其实现的基本条件，而且对其有着决定性的作用。因为国家治理更多涉及的是制度性因素，而非科学技术因素，但"四个现代化"和"新四个现代化"更多涉及的是科学技术因素，尽管其中也有诸多制度性因素。

要推进和实现国家治理现代化，需要进行全方位的深化改革。在十八届三中全会设计的各项改革中，对于国家治理现代化而言，最重要的改革包括以下五项。

（一）经济体制改革

现代国家治理当然包括对经济管理的治理、对市场运作环境的治理。要变革国家管理经济的"大政府""全能政府"方式,建立公平、有序竞争的市场,就必须大刀阔斧地推进经济体制改革。经济体制改革虽然与行政体制改革、政治体制改革紧密联系,但其主要目标和任务是独特的,那就是正确处理政府与市场的关系:既减少行政干预,充分发挥"看不见的手"对经济的调节作用,使市场在资源配置中起决定作用;又正确发挥"看得见的手"的辅助作用,保障政府合理、及时、有效地对经济进行宏观调控。

新一届政府自上任以来,紧紧抓住经济体制改革的关键环节——行政审批改革,仅中央政府层级就分5批次取消和下放了468项审批事项,超过新一届政府接任时总审批事项(1700多项)的1/4。[①] 当然,我们不能只看数字,就全国的情况来看,行政审批改革还存在较大阻力。一些地方和部门不是积极推进改革,而是消极应付改革:对其主管的审批项目边减边增、明减暗增,对其有利可图的项目尽量保留,而真正取消下放的只是一些对其无关痛痒的项目。当然,行政审批改革也不是取消下放得越多越好,对于那些关系到公民生命、健康和国家安全的审批项目,如医生的执业资格、金融机构的建立、核电站的建设等的审批,是绝对不能取消、废止的,对这些审批项目的改革主要应是程序的正当化和高效化。

(二)政治体制改革

政治体制改革对于推进国家治理现代化有决定性作用。由于政治体制改革涉及的问题复杂、风险性较大,为慎重起见,自改革开放以来,其在推进的速度、力度上均稍慢于和小于经济体制改革。但现在政治体制改革的环境、条件已大为改观,故完全可能和应该适当加快改革的速度、加大改革的力度。

政治体制改革的任务是多方面的,当下最重要的是推进执政党执

---

① 王比学、张洋:《职能转变,释放改革红利(全面深化改革进行时)》,《人民日报》2014年6月25日。

政方式改革，实现执政党民主执政、科学执政、依法执政，把执政党的执政权力关进制度的笼子里。自党的十六大以来，我们就一直对推进执政党执政方式的改革进行探索，但到目前为止尚没有找到一条能够有效解决问题的途径。

长期以来，各级党委和党的工作部门（如纪律检查委员会）由党的代表大会产生以后，不仅行使党的事务的决策权、执行权，而且直接行使国家和地方事务的主要决策权和部分执行权（如党管干部、党管意识形态等），但党委和党的工作部门在行使公权力的时候，几乎不受制约和监督。各级党代表大会每五年才召开一次，相应级别的党委和党的工作部门（而且只有纪委）要等换届时才向代表大会报告工作，五年期间内不存在党代表大会对其权力的制约和监督。党委和党的工作部门自然也不向人大、人大常委会报告工作和接受人大、人大常委会的质询，从而也不受国家权力机关的制约和监督。这样，一些党委和党的工作部门即使工作做得再不好，有关领导干部即使再腐败，人大和人大常委会也不能罢免或撤换他们，公民、法人和其他组织就更难对其行为加以制约和监督。公民、法人和其他组织若对政府的行为不服，可向人民法院提起行政诉讼；若对党委和党的工作部门行使公权力的行为不服，则既不能通过人民代表机关对之提出质询，也不能向法院提起诉讼。党委和党的工作部门既不能通过人大承担其决策行为的政治责任，又不能通过司法承担其具体职务行为的法律责任。这样，党委和党的工作部门中的一些人，特别是某些行使重要权力的领导干部，就不可能不滥用权力、不可能不腐败。正如孟德斯鸠所说，"权力没有制约就必然滥用，必然腐败"，这是为自古以来的经验所证明了的。①

有鉴于此，党的十八大报告提出，要推进权力运行公开化、规范化，完善党务公开、政务公开、司法公开和各领域办事公开制度……

---

① 〔法〕孟德斯鸠：《论法的精神》（上卷），许明龙译，商务印书馆，2012。

加强党内监督、民主监督、法律监督、舆论监督，让人民监督权力，让权力在阳光下运行。十八大确定，要发展党内民主，建立健全决策权、执行权、监督权既相互制约又相互协调的权力结构和权力运行的制约监督机制，推进权力运行的程序化和公开透明。十八大确立了一个明确的目标：执政党必须通过对自己权力的制约监督走民主执政的道路。① 当然，这条道路究竟如何走、应通过何种具体途径实现对执政党各级党委及其工作部门行使公权力行为的制约监督，尚待执政党自身以及学者们进行认真和艰难的探索。笔者曾就建立健全执政党权力运行制约监督机制提出过下面的设想：通过现在五年召开一次的党代表大会，授权同级人大中的中共党员代表，组成"党的代表会议"，在代表大会闭会期间行使其职权。"党的代表会议"每年紧接着"人代会"开，党委和党委的重要权力部门（如组织部、纪委、政法委等）每年向"党的代表会议"报告工作和重大决策、重要事项，接受"党的代表会议"的审议。在"党的代表会议"上，党员代表可对党委和党的工作部门的工作提出质询、询问，被质询、询问的机关必须当场或限期答复。一定数量的党员代表还可对党委和党的工作部门的领导干部提出罢免案，由"党的代表会议"审议和做出是否罢免的决定。在"人代会"和"党的代表会议"闭会期间，"党的代表会议"授权同级人大常委会中的党员委员，组成各级"党的代表会议的常设机构"，行使"党的代表会议"的职权。地方各级党委和党委的重要权力部门定期或不定期向相应"党的代表会议的常设机构"报告工作和重大决策、重要事项，接受"党的代表会议的常设机构"的审议。在"党的代表会议的常设机构"会议上，人大常委会党员委员对党委和党的工作部门的工作亦可提出质询、询问，被质询、询问的机关必须当场或限期答复。一定数量的人大常委会党员委员还可对党委和党

---

① 胡锦涛：《坚定不移沿着中国特色社会主义道路前进　为全面建成小康社会而奋斗——在中国共产党第十八次全国代表大会上的报告》，《人民日报》2012年11月18日。

的工作部门的领导干部提出罢免案，由"党的代表会议的常设机构"审议和做出是否罢免的决定。建立这样的机制有利于通过正式的民主组织形式对各级党委和党的工作部门的权力运作予以制约。① 当然，这种设想是否可行，尚需要经过深入的理论研究和实践探索。经过认真研究和探索，我们也许可以找到更好、更有效的执政党权力运行制约监督机制。但是，就推进国家治理现代化而言，我们必须抓紧研究和探索，尽可能快地找出一条社会主义执政党民主执政、科学执政、依法执政的中国特色新路。

（三）行政体制改革

行政体制是国家治理体制的重要环节。政府是国家治理的主要组织者和实施者。一个国家，如果没有一个有效运作的政府，要改善和提高其治理能力是不可想象的。

行政体制改革的目标和任务是多方面的，其最重要的目标和任务是建设法治政府，法治政府有五个要素，具体如下。

其一，促进公众参与，防止政府专断。公众参与包括公众参与决策、参与管理和参与监督。② 公众参与的前提是享有知情权，没有知情权就不可能实现参与权。近年来我国政府信息公开的实践，在很大程度上促进了公民知情权的实现，从而大大激发了公民参与治理的热情。这一点我们从近年来成千上万的网民积极参与法律法规立、改、废的讨论，积极参与对各级政府社会、经济政策的评论，积极参与对"躲猫猫"、"钓鱼执法"及"表哥"、"房叔"等事件的关注和监督可见一斑。

---

① 姜明安：《建立健全执政党权力运行制约监督机制的构想》，《南方周末》2009年11月5日。
② 国务院2004年发布的《全面推进依法行政实施纲要》明确要求，行政决策机制应当科学化、民主化和规范化；人民群众的要求、意愿得到及时反映；政府提供的信息全面、准确、及时，制定的政策、发布的决定相对稳定，行政管理做到公开、公平、公正、便民、高效、诚信；行政机关实施行政管理应当程序正当、公开，注意听取公民、法人和其他组织的意见，依法保障行政管理相对人、利害关系人的知情权、参与权和救济权。

其二，加强监督和制约。对公权力的监督制约包括权力制约和权利制约、内部制约和外部制约。权力制约主要是指人大监督、司法监督以及监察、审计监督；权利监督主要是指公民和公民组织的监督以及舆论、媒体监督。内部制约主要是指行政系统内部上、下、左、右的相互制约，也包括监察、审计等专门制约；外部制约既包括人大、法院、检察等其他国家机关的制约，也包括公民个人、NGO、NPO及舆论、媒体的社会制约。①

其三，推进反腐倡廉。如何防治腐败，是世界性的大难题。人类为此探索了几千年，至今尚没有找到绝对的灵丹妙药。但是，相对的灵丹妙药还是被人们找到了，这就是公开、透明。近年来我们通过"三公经费"公开、预算公开和整个政府信息公开推动公职人员不能腐、不易腐、不敢腐机制的健全完善，遏制腐败的作用得以初步显现，网络、微博、微信对腐败的公开揭露使腐败分子的腐败势头不得不有所收敛。党的十八届三中全会《决定》要求推行地方各级政府及其工作部门权力清单制度，依法公开权力和权力运行流程；同时要求健全防止利益冲突、领导干部报告个人有关事项、任职回避等方面的法律法规，推行新提任领导干部有关事项公开制度试点。这意味着我们在注重惩治反腐的同时开始注重制度反腐和法治反腐。

其四，健全权责统一和责任制。近年来各级政府实施官员问责制，被问责的官员不少，相应制度起了一定的作用。但是，由于制度还不够完善，其作用有限，因此，应进一步研究如何健全完善问责制度，使其真正发挥作用。在问责方面，应特别注重发挥各级人大及其常委会的质询问责作用。人大质询制度是宪法规定的重要制度。政府由人大选举产生，自然应接受人大监督，人大公开对其违法、失职和滥用

---

① 关于加强权力制约和权利制约，党的十八届三中全会《决定》要求各级党政机关形成科学有效的权力制约和协调机制；加强和改进对主要领导干部行使权力的制约和监督，加强行政监察和审计监督；坚持用制度管权、管事、管人，让人民监督权力，让权力在阳光下运行，以真正把权力关进制度的笼子里。

权力的行为质询问责,是对其最好、最有效的监督。

其五,以人为本,建立服务型政府。政府以人为本、为民服务不应该只是口号,而应该是实实在在的行动。怎样保障政府和政府官员以人为本、为民服务,而不是以 GDP 为本、为彰显自己的"政绩"和升官发财服务?必须改变政绩评价机制和官员选拔晋升机制。党的十八届三中全会《决定》要求改进和完善对发展成果的考核评价体系,纠正单纯以经济增长速度评定政绩的偏向;要求改革和完善干部考核评价制度,改变唯票取人、唯分取人的现象,以选拔出真正为民服务、勤政务实的好干部。

(四)司法体制改革

现代国家治理是与公正、高效、权威的司法紧密相连的。在我国,要创建公正、高效、权威的司法,就必须大力推进司法体制改革。

党的十八届三中全会《决定》就司法体制改革提出了一系列重大措施,其中最主要的有以下十项:其一,推动省以下地方法院、检察院人财物统一管理,探索建立与行政区划适当分离的司法管辖制度,以确保人民法院、人民检察院依法独立公正行使审判权、检察权;其二,建立符合职业特点的司法人员管理制度,健全法官、检察官、人民警察统一招录、有序交流、逐级遴选机制,完善司法人员分类管理制度,健全法官、检察官、人民警察职业保障制度;其三,健全司法权力运行机制,优化司法职权配置,健全司法权力分工负责、互相配合、互相制约机制,加强和规范对司法活动的法律监督和社会监督;其四,改革审判委员会制度,完善主审法官、合议庭办案责任制,让审理者裁判、由裁判者负责;其五,明确各级法院职能定位,规范上下级法院审判监督关系;其六,推进审判公开、检务公开,录制并保留全程庭审资料,增强法律文书说理性,推动公开法院生效裁判文书;其七,严格规范减刑、假释、保外就医程序,强化监督制度;其八,广泛实行人民陪审员、人民监督员制度,拓宽人民群众有序参与司法渠道；其九，进一步规范查封、扣押、冻结、处理涉案财物的司法程序；其十，健全错案防止、纠正、责任追究机制，严禁刑讯逼供、体罚虐待，严格执行非法证据排除规则。

在以上司法改革措施中，对国家治理最具意义的有以下三项：其一，排除各种公权力主体对司法的干预，推进司法的去地方化、去行政化，确保人民法院和人民检察院依法独立公正行使司法权；其二，推进司法公开，通过司法公开保障司法公正；其三，建立让审理者裁判、由裁判者负责的司法机制。

（五）社会运行体制改革

现代国家治理体系的建立和完善在很大程度上有赖于市民社会的培植。因为现代社会国家与公民的关系以及公权力的配置大不同于传统社会。在传统社会，公权力集中于国家，国家通过各级官僚机构治理民众。而在现代社会，由于社会经济关系的复杂化，市民社会迅速成长，部分国家公权力向社会转移，社会在自身发展过程中也生长出许多自治性的社会公权力。所以，现代国家治理不能仅专注于国家和国家公权力，还必须关注社会和社会公权力。为此，推进国家治理现代化必须同时推进社会运行体制改革。

目前，社会运行体制改革的主要任务有四个：其一，促进各种社会团体、组织和基层群众自治组织的发展、完善，进一步推进部分国家公权力向社会转移，使得能够通过社会自治办理、解决的事项和问题尽量交由社会办理、解决；其二，推进社会团体、行业协会和基层群众自治组织章程和相应的软法[①]建设，加强对社会公权力行为的规范；其三，创新解决社会矛盾、争议的社会调处机制，建立畅通有序的诉求表达、心理干预、矛盾调处、权益保障机制；其四，建立和完

[①] 关于"软法"，可参见罗豪才、宋功德、苗志江《软法亦法——公共治理呼唤软法之治》，法律出版社，2009；罗豪才等《软法与公共治理》，北京大学出版社，2006；罗豪才、毕洪海《软法的挑战》，商务印书馆，2011。

善国家公权力与社会公权力共同治理的协商、协调机制，推进各种纵向和横向的协商民主。

三 法治在现代国家治理中的地位和作用

关于法治在现代国家治理中的地位和作用，笔者曾经在一篇关于发展、改革、创新与法治的关系的论文①中做过初步探讨。这里仅从其理论和实践的结合方面做进一步的补充分析。

（一）法治在现代国家治理中的地位

我们在研究现代国家治理的特征中已经指出，现代国家治理不同于传统国家治理，不是靠人治，也不是靠权势术，而主要靠民主、法治、科学和文化。可见，法治是现代国家治理的重要手段或基本手段。但我们此处讨论法治在现代国家治理中的地位时，还应进一步指出，法治不仅是现代国家治理的手段，而且是现代国家治理的目标。

我们说法治是现代国家治理的手段，主要是从法治的功能角度说的。法治优于人治，因为"凡是不凭感情因素治事的统治者总比感情用事的人们优良，法律恰恰是全没有感情的"，②"常人既不能完全消除兽欲，虽最好的人们（贤良）也未免有热忱，这就往往在执政的时候引起偏向。法律恰恰是免除一切情欲影响的神祇和理智的体现"。③麦迪逊指出，"如果人都是天使，就不需要任何政府了。如果是天使统治人，就不需要对政府有任何外来的或内在的控制了"。④正因为人不是天使，所以需要政府；正因为政府也不是天使，所以需要对政府有外在和内在的控制，需要法治。

我们说法治更是现代国家治理的目标，主要是从法治的理念和价值角度说的。法治的理念和价值是多方面的，其主要的理念和价值有

---

① 姜明安：《发展、改革、创新与法治》，《中共中央党校学报》2011年第8期。
② 〔古希腊〕亚里士多德：《政治学》，吴寿彭译，商务印书馆，1965。
③ 〔古希腊〕亚里士多德：《政治学》，吴寿彭译，商务印书馆，1965。
④ 〔美〕汉密尔顿、杰伊、麦迪逊：《联邦党人文集》，程逢如等译，商务印书馆，2011。

三：其一，保障国民的权利、自由，保障人权；其二，控制公权力，把公权力（包括国家公权力和社会公权力，甚至包括国际公权力）关进制度的笼子里；其三，维护公平正义，"要使事物合于正义（公平），须有毫无偏私的权衡，法律恰恰是这样一个中道的权衡"。[①] 很显然，法治的这些理念和价值正是现代国家治理追求的目标。我们进行全面深化改革，推进国家治理的现代化，当然不是为改革而改革、为治理现代化而治理现代化，我们推进改革和治理现代化的目的是建设法治国家、法治政府、法治社会，保障人的可持续发展、权利、自由、幸福，控制公权力和维护社会的公平正义。

（二）法治在现代国家治理中的作用

法治在现代国家治理中的作用主要有四个，具体如下。

其一，指引作用。法治具有为国家治理指引目标、方向的作用。在我国目前的国家治理实践中，法治的这一作用虽越来越受重视，但尚未得到充分发挥。影响这一作用充分发挥的原因主要是，目前我国法的立、解、改、废（制定、解释、修改、废止）的运作机制尚不完善、尚不顺畅。下一步有必要修改立法法和立法机关组织法，改革立法机关的组织和立法程序。

其二，规范作用。法治对于国家治理的另一主要作用是确立治理模式和规则，规范治理行为。目前，法治的这一作用也受到某些消极因素的制约。这里有法不够健全、不够完善的问题（如行政程序法、政务公开法等缺位），也有有法不依、执法违法（如钓鱼执法、养鱼执法）的问题。对此，必须在完善立法的同时加强监督和问责机制。

其三，推进作用。法治对现代国家治理的推进作用主要是通过创建治理环境、创设治理激励机制来实现的。当下我国治理环境总体上是良好的，治理激励机制也基本是完善的。但在某些地方、某些领域，也存在治理环境恶化、治理激励机制不完善的问题，甚至会出现某些

[①] 〔古希腊〕亚里士多德：《政治学》，吴寿彭译，商务印书馆，1965。

"负激励"的问题。对此,有必要通过推进法治改善治理环境和完善法律激励机制,特别是在组织人事制度上保证确实重用坚持法治且善于运用法治思维、法治方式治国理政的人才、干才。

其四,制约作用。法治对国家治理的制约作用主要是通过控制公权力滥用和腐败、保障良政善治来实现的。在这方面,法治作用的发挥在我国也有很大的空间。特别是在反腐败领域,必须在加强、完善法治上下大功夫,如建立、完善领导干部个人情况的申报、核查和公示制度,建立、完善防止和避免利益冲突制度,建立、完善质询和问责制度,等等。

四 现代国家治理体系下改革与法治的关系

正确处理改革与法治的关系是完善现代国家治理体系、提升国家治理能力的必然要求。当下,我国部分国人特别是一些地区和部门的领导干部在国家治理实践中对改革与法治的关系存在各种认识误区。一些人视改革本身为目标,认为是硬任务,是出政绩和提升形象的最佳途径,而法治则只是手段,是软任务,故当运用法治有利于推进其提升政绩和改进形象的所谓"改革"时,就用法治,当运用法治可能阻碍或延缓其所推进的所谓"改革"时,就抛弃法治或规避法治。

笔者认为,在现代国家治理体系下,改革与法治的适当关系应表现为以下几个方面。

其一,法治是改革的目标。或者说改革是为了推进国家治理现代化,而国家治理现代化的目标(或目标之一)是建立法治国家、法治政府、法治社会,是为了实现和增进人的权利、自由、幸福。改革不是为改革而改革,更不是单纯为提升治理者的"政绩"、改善治理者的形象而改革。

其二,法治是改革的制约。改革的权力和改革权力的运作必须受法律的约束。否则,改革就可能成为一匹脱缰的野马或一辆没有制动器的疯跑的车，可能给人民的生命、自由、财产和社会公共利益带来极大的风险。因为任何权力，即使是改革的权力，如果没有制约，都必然导致被滥用。"一切有权力的人都容易滥用权力，这是万古不易的一条经验"，① 改革也不可能例外。

其三，法治是改革的保障。法治既能为改革提供方向和动力，并通过责任机制和激励机制促进国家治理主体推进改革；也能为改革提供制约和救济，防止各种国家治理主体乱改革、滥改革，借"改革"之名行谋私之实；还能通过法律设定的监督和救济机制为合法权益受到乱改革、滥改革侵害的受害人提供法律救济。

（本文原载于《中共中央党校学报》2014 年第 4 期）

---

① 〔法〕孟德斯鸠：《论法的精神》（上卷），许明龙译，商务印书馆，2012。

第二编
法治国家与宪制

第二部

中国古代の丑

中国宪法文本中"法治国家"规范分析

韩大元*

一 "法治国家"的中国话语

"法治国家"作为与宪法秩序有着密切联系的法律概念，经过了不同的历史发展阶段。以自由、平等与正义的实现为基本内容的法治国家理念可追溯到古罗马时代。到18世纪，法治国家形成了自身的理论体系，如强调国家的活动必须依照法律进行，为了保护基本权利，需要通过宪法建立独立的司法体系等。自19世纪以后，法治国家进入市民的法治国家阶段，即以市民社会为基础建立法治国家，如成文宪法的制定、权力的分立、基本权的保障、国家赔偿制度的建立、行政的合法性、宪法裁判制度等。但是，随着社会矛盾的出现与冲突的加剧，法治国家从形式主义法治国家向实质主义法治国家转变，出现了实质的法治国家形态。实质法治国家重视国家的形式与实质，同时保障合法性与正当性，力求协调法和法律之间的价值。其理论基础是尊重人的价值与尊严，建立社会共同体和平生活的环境，保障公民的权利与自由。第二次世界大战后，随着宪治理念的发展，法治国家的内涵发生了重大变化，强调法治国家的实质价值，重视法律内容和目的，建立了以正义、平等与自由价值为基础的法治概念。

在中国，有关法治国家概念的论述，最早是以"法治国"形式出

---

* 韩大元，中国人民大学法学院院长、教授。

现的。1903年，一个以"亚粹"为笔名的学者在《论法治国》一文中详细论述了"法治国"。① 在具体"法治国家"概念的理解上，亚粹详细解释了法治国的内涵，认为国家治理的根本在于秩序，而法律是"国民行为之规则"，无法律则无秩序。他对法律的来源及功能进行了阐释，认为法律有"钦定"和"公定"之分。前者的法律体现为君主的意见，此种法律因其可根据君主意志自由改废，对于维护秩序的作用微乎其微。后者则体现为国民全体或其选出的代表的意见，法律非经公意不得随意改废，此种法律在立宪国家推行，"人人所公奉之法即其所公定之法，无贵无贱莫不受制于法律之下，有权利有义务亦皆以法律为界限而不能溢取或幸免，依法为治，故法即治，治即法，是之谓法治国"，② 即大家共同遵守的法律是大家共同制定的法律，人人都有权利也有义务，但都以法律为界限，不可逾越。他认为，法治国的制度发端于1215年英王约翰发布的大宪章，其中的"非依照法律不能迫害人民，非由公意不能赋敛租税"是法治国制度的渊源。各国见英国因立宪而得自由平等，都纷纷仿效英国立宪，这也是法治国之所以盛行的原因。根据他对法治国的理解，法律是国民的行为规则，国民共同守法才能维护良好的社会秩序，无规则，则社会秩序必然会混乱。权利与义务不可偏废。法律的效力在于国民之公认，但若不在法治国，国民则无公认的权利。

根据清末民国时期引入国外法治国思想的情况来看，可以推测"法治国"这一概念是从日本引进的，受到日本公法学的深刻影响。比如在1906年，朱绍濂就翻译了木喜德郎（讲述）的《法治国主义》，1931年《时兆月报》发表了《世界趣闻：法治国家之精神》一文，1932年《时代公论（南京）》发表了《法治国家的真谛》一文。

---

① 亚粹：《论法治国》，《政法学报》1903年第1期。
② 亚粹：《论法治国》，《政法学报》1903年第1期。

《世界趣闻：法治国家之精神》一文对"法治国家"并没有给予具体定义，而仅举"美国哈定总统因涉嫌受贿，尽管有七十高龄，也未被宽恕"①的例证，以此说明法治国家中任何权力都受限制。该文对"法治国家"做出了阐释，认为："法治国家之特征，要在'国家对于人民，非依法据法规不得要求作为与不作为，亦不得有命令与禁止'中求出来"。②这个定义分析起来，就是："第一，最高权力所有者的国家，其行使权力非依据法律不可。第二，国家的法律不特要拘束个人的国民，同时也要拘束政府的统治者，统治者如有违法行为致使个人的权益受侵害时，被害者的人民可以提起诉讼，要求公平之裁判。""要造成法治国家，不在制定法律，而在实行法律。要走上法治道路，不靠编订法典，而要靠奉公守法。"这是对法治国家概念的比较全面的解释，包含法治具有的基本内涵，强调"实行法律"对法治国家建设的意义。

1934年，张我军译注了日本大山郁夫的原著《现代政治思想之主潮及其缺憾》，其中也有关于法治国思想的论述。③1941年，乐天编辑的《自修》杂志对"法治国家"的概念是这样解释的："法治国家（legal state）有两种意义。第一，是指重商主义时代，对于经济界的无限活动，要求对国家的权力，干涉限制，同时，并要求国家的职分，限于法规的制定与法律秩序的维持，然十九世纪以来，由于自由放任主义的发展，此种法治国家的要求，已失势。第二，是指作为最高国家权力的所有者的国家，在权力的行使上，不能不依据法律为准则的政治主张，这只是要限制国家权力行使的方法，与第一种要对国家权力及其范围作实质的限制者不同。这一要求，是在梅特涅（奥地利国

---

① 《世界趣闻：法治国家之精神》，《时兆月报》1931年第8期。
② 《世界趣闻：法治国家之精神》，《时兆月报》1931年第8期。
③ 大山郁夫：《现代政治思想之主潮及其缺憾》（续），张我军译注，《日文与日语》1934年第5期。

首相)时,以警察政治的反动的行使,被唤起来的。"①

总体上看,1949 年以前法治国家的概念和理论虽没有体系化,但已经成为法学的基本概念,学术界对其基本内涵也形成了一定的共识。但 1949 年后,随着新中国的成立,我们对合理的法学遗产采取了简单抛弃的政策,在一定程度上割裂了法学的历史继承性。② 1949 年 2 月 22 日,中共中央发出了《关于废除国民党六法全书和确定解放区司法原则的指示》,宣布废除《六法全书》,摧毁了包括宪法在内的旧法统。特别是 1949 年 10 月通过的《共同纲领》第 17 条规定:"废除国民党反动政府一切压迫人民的法律、法令和司法制度,制定保护人民的法律、法令,建立人民司法制度。"这样,废除旧法的党内指示上升为法律规范,取得了形式上的合法性。"法治国家"概念似乎作为旧法学的遗产,在中国法学界长期沉寂下来,合理的学术传统没有被延续,直到 20 世纪 90 年代后才恢复使用。

二 "法治国家"入宪的背景

如前文所述,在我国的政治生活中"法治国家"一词先由学术界提出,然后转化为政治命题,写入党的十五大报告,并通过 1999 年的修宪成为具有效力的宪法规范。

1996 年 2 月 8 日,王家福教授为中央政治局做了"关于依法治国,建设社会主义法治国家的理论和实践问题"的讲座。在讲座中,王教授重点说明依法治国,建设社会主义法治国家是中国特色社会

---

① 乐天(辑):《名词浅释:法治国家》,《自修》1941 年第 177 期。
② 作为新政权废除旧政权的法律制度与体系是具有正当性的,但法律制度与法学理论并不相同,旧政权下形成的法学传统中也存在合理因素,对此不应全盘否定。另外,新中国成立后对宪政问题的理解上,有时消极地对待宪政的价值,也与蒋介石提出"保全法统"请求有关。1949 年元旦,蒋介石发表《中华民国三十八年元旦告全国军民同胞书》,提出和谈的最低要求,其中写道:"只要神圣的宪法不由我而违反,民主宪政不因此而破坏,中华民国的法统不致中断……"对此,毛泽东发表《评战犯求和》,对蒋介石的法权要求进行逐条批驳。从此"民主宪政"一词成为与旧法统相联系的概念,虽没有被明文禁止,但带有浓厚的意识形态性,成为具有一定敏感度的概念。

主义伟大事业的根本大计，提出了法治国家应具备的基本条件。① 同年3月"依法治国，建设社会主义法制国家"被写入八届全国人大常委会四次会议制定的《关于国民经济发展"九五"计划和2010年远景目标纲要》。这里使用的是"法制国家"概念，并没有严格区分"法治"与"法制"的界限。当时，学术界围绕"法治"与"法制"展开了热烈的讨论，发表了不少学术论文，从学术角度论证了法治国家的正当性。1997年9月，党的十五大报告将"建设社会主义法制国家"改为"建设社会主义法治国家"并将其作为社会主义民主政治发展的目标，从党的政治主张的角度确认"法治国家"的政治基础，同时确立法治在社会治理中的作用。党的十六大、十七大继续强调"建设社会主义法治国家"，党的十八大则提出"加快建设社会主义法治国家"。如今"依宪治国""依宪执政"成为执政党的执政方式，此时我们可以从十五大报告中寻找其思想来源。经过20多年的理论思考与实践，执政党为法治国家在中国的实现做了必要的理论准备。

但是，党的政治报告中关于"法治国家"的论述只是党内的共识与重大理论主张，还不是具有法律效力的规范。作为明确的宪法规范，"法治国家"在宪法文本上的正式出现是1999年的修宪。当时修宪的逻辑是，党的十五大政治报告正式提出建设法治国家的目标，作为国家根本法应遵循政治惯例，把党的重大政治主张写在宪法上，以获得合法性。但是，把政治逻辑转化为宪法逻辑存在如何在宪法的法律性与科学性之间寻求合理平衡的问题。更重要的是包括政治、经济、文化与社会生活在内的所有国家建设都要服从宪法规范调整，以宪法为国家生活的最高准则，赋予国家更丰富的法治元素。

---

① 法治国家的基本标准是：法制完备、主权在民、人权保障、权力制约、法律平等、法律至上、依法行政、司法独立、程序正当、党要守法。王家福、李步云等：《依法治国，建设社会主义法制国家》，《法学研究》1996年第2期。

"法治国家"的入宪大体经历了如下程序。党的十五大召开后,社会各界普遍主张将十五大报告的基本思想写入宪法,希望启动修宪程序。包括经济学界、法学界、政治学界在内的社会各界纷纷提出修宪建议。在1998年全国政协九届一次会议上,萧灼基委员提交了1178号提案,主题即为"根据十五大精神修改宪法的建议"。1998年,中共中央成立宪法修改小组,李鹏任组长,组织草拟了关于修改宪法部分内容的初步意见,经中共中央政治局常委会审定并经中央政治局会议原则通过后,于1998年12月5日发给地方征求意见。同年12月,中央领导主持召开座谈会,听取社会各界对修宪的意见。中央在认真研究各方面意见的基础上,经中共中央政治局常委会议和政治局会议讨论通过,形成了中共中央关于修改宪法部分内容的建议。1999年1月22日,中共中央向全国人大常委会提出了关于修改中华人民共和国宪法部分内容的建议,九届全国人大常委会第七次会议讨论了中共中央的建议,依照宪法程序,提出《中华人民共和国宪法修正案(草案)》,提请九届全国人大二次会议审议通过后形成宪法修正案。

　　从目前公布的修宪资料看,大家普遍关注"法治国家"入宪的意义,但入宪以后"法治国家"的含义以及"法治国家"的具体标准等问题则没有引起广泛关注。当时,"依法治国"和"法治国家"往往被作为同一概念来使用,以"依法治国"的内涵来代替"法治国家"的解释。对"法治国家"入宪的意义,田纪云在宪法草案的说明报告中做了如下表述:"依法治国,是中国共产党领导人民治理国家的基本方略,是国家长治久安的重要保障,将'依法治国,建设社会主义法治国家'写进宪法,对于坚持依法治国的基本方略,不断健全社会主义法制,发展社会主义民主政治,促进经济体制改革和经济建设,具有重要的意义。"① 草案的说明报告只是对依法治国做了概括性的陈

---

① 田纪云:《关于中华人民共和国宪法修正案(草案)的说明》,《人民日报》1999年3月10日。

述，对修正案中的"法治国家"并没有做出任何说明，留下了很大的解释空间。结合他的一些有关法治的论述，他所理解的"法治国家"应该是通过法治治理的形态。在一篇文章中他指出："长期以来，我们忽视民主与法制建设，人治的东西抬头，给人民带来的灾难是深重的……其最重要原因是缺乏民主与法制……如果是真正的法治国家，就出现不了这种情况，即使出现了，也不可能发展到那么严重的程度。"[1] 按照他的理解，真正的法治国家是实行法治，摒弃人治，如存在着人治，就不是"真正"的法治国家。[2]

总之，对依法治国特别是法治国家概念的理解，1999年修宪前、修宪中以及修宪后学界的关注是不够的，造成规定在宪法文本上的"法治国家"只具有规范的象征意义，无法获得明确的规范意义与效力。

三 法治国家的规范内涵

（一）"法治国家"中的"法治"

法治是内涵十分丰富的概念，既要反映人类的美好追求，同时也体现着人权保障的实践要求。1959年在印度新德里召开的国际法学家会议通过的有关法治的报告是国际社会公认的法治理想的综合反映，会议通过的《德里宣言》确认了如下法治原则。第一，根据法治精神，立法机关的职能在于创造和维持使个人尊严得到尊重和维护的各种条件。不仅要承认公民的民事权利和政治权利，而且还需要建立充分发展个性所必需的社会、经济、教育和文化条件。第二，法治原则不仅要防范行政权的滥用，而且还需要一个有效的政府来维持法律秩序，借以保障人们的社会和经济生活条件。第三，法治要求正当的刑

---

[1] 田纪云：《改革开放的伟大实践》，新华出版社，2009。
[2] 此外，他对法治的基本理解是：依法治国重在依法治权、依法治官，而不是治老百姓。依法治国的实质是党领导人民依法治理国家。参见田纪云《改革开放的伟大实践》，新华出版社，2009，第463、467页。

事程序。第四，司法独立和律师自由。一个独立的司法机关是实现法治的先决条件。《德里宣言》提出的法治"集中表现了全面正义的法治要求"。① 可见，现代社会的法治精神是限制国家权力滥用，保障公民权利与自由。其中，保障人权是现代法治本质的内涵。成熟的法治是人权价值普遍受到尊重的理想状态。人权和自由是"法治理想最高最广的发展阶段，它们超出了纯法律的范畴，进入了政治、经济和哲学的领域"。② 法治作为普遍尊重人权的一种制度，反映了社会变迁的要求，具有深厚的文化基础。

法治是历史的概念，时代的变迁不断赋予法治以新的内涵，但无论社会的发展发生什么样的变化，法治所体现的限制国家权力、保障人权的基本价值是不会改变的。法治原理实际上构成现代国家的原理，成为现代文明社会的标志，并在实践中逐步形成法治国家的概念。

新中国成立后，法治的提法可追溯到 20 世纪 70 年代末，1978 年学术界开始提出法治概念。1978 年党的十一届三中全会虽然没有直接提出"法治"概念，但"有法可依，有法必依，执法必严，违法必究"这 16 个字清楚地表达了"法治"的内涵。③ 1979 年中共中央发布的《关于坚决保证刑法、刑事诉讼法切实实施的指示》（即"64 号文件"），第一次把法治概念用于中央文件。在 1982 年宪法的修改过程中法治是重要的价值取向，体现了法治的基本要求。宪法文本一方面遵循了人类法治的基本价值，将公权力的约束和人权保障作为基本内涵，另一方面力求在权力约束和人权保障上赋予中国元素，"使法治从宪法观念上升为治理国家的基本方略"。④ 在强调权力制约的同时，积极通过制度的功能建立以互惠和对话为基础的"合作"机制，在人

---

① 张文显：《二十世纪西方法哲学思潮研究》，法律出版社，1996。
② 陈弘毅：《法治、启蒙与现代法的精神》，中国政法大学出版社，1998。
③ 郑永年：《全球化与中国国家转型》，郁建兴等译，浙江人民出版社，2009。
④ 何勤华：《论中国共产党人的宪法观念与实践历程》，《人民论坛·学术前沿》2013 年第 15 期。

权保障特别是自由和平等理念上,力求平衡两者的价值,不追求绝对的自由和平等价值。

(二)"法治国家"中的"国家"

通过对宪法文本中"国家"含义的分析,我们可以了解制宪者确立了何种国家观念,希望通过宪法体现何种价值与效力。理解"法治国家"概念时,我们需要从规范层面分析国家的意义,特别是要分析不同宪法条文中国家所体现的意义。

以我国现行《宪法》的有效文本(包括目录、章节标题、正文)统计,"国家"一词共出现了151次。根据其在宪法文本中的使用场景,国家一词的内涵是不同的。宪法文本中的国家一般是在3种意义上使用。一是统一的政治实体或共同体意义上的"国家"。"国家"一词最常见的用法是表示整个统一的政治实体,具体又可以分为主权意义上(对外)的国家和主权权力意义上(对内)的国家两种。二是与社会相对的"国家",往往与社会相对应,使用的表达方式是"国家和社会"等。例如,《宪法》第45条规定:"中华人民共和国公民在年老、疾病或者丧失劳动能力的情况下,有从国家和社会获得物质帮助的权利。国家发展为公民享受这些权利所需要的社会保险、社会救济和医疗卫生事业。"三是地方相对意义上的"国家",有时与地方相对应,在与地方有关的领域使用,这时其含义主要是指中央。《宪法》第118条规定:"民族自治地方的自治机关在国家计划的指导下,自主地安排和管理地方性的经济建设事业。"在分析国家含义和功能时,要结合宪法文本的具体内容进行判断,不能把国家的概念绝对化。

在上述有关国家的3种含义中,宪法文本中的"法治国家"属于何种国家含义?从解释学的角度看,"法治国家"中的国家首先是指政治共同体,然后是指国家机关。过去学术界过分强调"国家机关"意义上的"国家"而忽略了"共同体"意义上的国家,无意中淡化了法治发展中国家的意义，导致法治的"国家精神"断裂。目前，普遍存在的法治"工具化""地方化""部门化""庸俗化"现象与"法治国家"精神的"碎片化"有着密切的关系。在有些地方把法治国家"具体化"的过程中，虽存在法律意义上的国家，但法治国家的统一性受到了破坏。在现代社会中，政治共同体为追求幸福生活所达成的合意就是宪法，也就是通过最高规范，凝聚社会共识，为社会与国家的协调发展提供基础。按照性质与功能的不同，共同体可分为不同类型，如政治共同体、经济共同体与文化共同体等。法治国家所倡导的共同体不是某一具体领域的共同体，而是一种涵盖不同领域共同体形式的综合性概念。

（三）"法治国家"的规范解释

第一，从规范价值体系来说，文本中的"法治国家"是政治共同体依照法律治理国家生活的原则、规则与未来指向性的价值体系。作为原则的"法治国家"是指导国家生活的理念，贯穿于社会生活的始终，也可称为"宪法的基本原则"；作为规则的"法治国家"是具有实定法意义的规则体系，对国家生活发挥着统一的调整功能，凡是不符合"法治国家"理念的规范、行为与决定等都缺乏合法性；作为未来指向性价值的"法治国家"是不断变化的动态概念。"法治国家"的价值首先在于"指引"和"引导"，体现了法治的过程性与国家属性。

第二，从"法治国家"的形态来说，宪法修正案第13条规定的"法治国家"，是属于"实质意义上的法治国家"还是"形式意义上的法治国家"，或者兼而有之？在法治国家概念的演变过程中，存在形式和实质两个概念。由于历史与文化的不同，不同国家宪法文本中所表达的价值内涵是不同的。一般意义上的法治国家既包括实质意义的法治要素，也包括形式意义的法治要素。在宪法体系中，法治国家的原理具体通过法治主义的实质要素与法治主义的形式要素得到体现。

基于对中国宪法的历史、文本与国家发展目标的综合考量，修正案第13条中的"法治国家"也可解释为包括"形式和实质法治主义"的综合概念，但更注重形式，并通过形式的完善，逐步向实质法治的目标发展，两者在发展过程中虽体现阶段性特征，但总体上都被涵盖了。

法治国家的实质要素包括人的尊严、自由和平等。根据宪法的一般原理，人的尊严的维护是宪法存在的最高价值，也是优越于其他宪法规范的价值体系。保障人的尊严是一切国家权力活动的基础和出发点，构成人权的核心内容。我国宪法在规定"法治国家"的同时，作为宪法原则规定了"国家尊重和保障人权"，把人权价值体现在宪法体制之中。法治国家的自由价值通过我国宪法规定的精神自由、人身自由、经济自由等得到具体化。从本质上讲，自由是宪法体系存在和发展的基础，自由价值的维护既是法治国家的实质要素，同时也是宪法体系的核心价值。另外，在我国宪法体系中，平等是人的基本需求和存在方式，体现了法治国家的基本目标。实际上，宪法体系是在平衡自由与平等价值的过程中得到发展和完善的，一定程度和范围内自由的牺牲可以保障平等价值。平等权作为权利和法治社会的基本原则，对所有的国家权力产生约束力。

法治国家的形式要素包括法律至上、人权保障与权力制约。德国学者克纳德认为，从一般意义上讲，宪法通过法治国家秩序，赋予国家及其功能以统一的标准与形式。法治国家最基本的要素之一是法的最高性（Primat des Rechts）。[①] 他在解释法的最高性时提出，法的最高性并不意味着以法律规定所有的社会领域，即使在法治国家中也存在不必通过法律调整的领域，但对某些领域以法律做出规定后，应保持其优位性，使法律具有正当性与稳定性。在宪法体系中，法的最高性一般分为宪法优位与法律优位两种形式。宪法优位要求一切国家行为不得与宪法相抵触，国家的立法行为、行政行为与司法行为都受宪法

---

① 克纳德：《德国宪法原论》，博英社，2001。

的约束，不得侵犯宪法规则。我国《宪法》第 5 条规定，一切法律、法规不得与宪法相抵触。《宪法》序言也明确规定其"具有最高的法律效力"。这些条文的表述实际上奠定了法治国家的形式要件，至少从规范体系上保证了宪法效力的优位性。在宪法和法律规定的范围内，一切国家权力受法律的约束。

法治国家的出发点和目标是个人权利与自由的保障，宪法体系也要遵循人权保障的基本价值。人权的宪法保障既包括宪法体系内的基本权利，也包括宪法上没有列举的权利与自由的保障。为了保障宪法规定的基本权利与自由，法治国家要求对国家权力进行限制与合理的分工，使不同国家权力之间建立相互均衡和制约的机制。现代宪法体系中权力分立的功能并不是消极地限制国家权力，而是积极、主动地对国家权力、职能进行分工，明确其职责范围和程序。作为宪法原则意义上的权力分立的重要意义首先在于国家权力组织的合理化，制约与监督并不是权力分立的唯一内容与目标。此外，法治主义的形式要素还包括行政的合法性、基本权利的司法保护等不同领域。

第三，从宪法文本的规范体系看，"法治国家"规范包含法治社会。法治国家作为宪法命题，其内涵中包括法治社会。社会作为组织化的人类共同体，其本质是遵循一种自律原则，靠社会成员的非强制性规则来维持社会组织，体现社会自治精神。宪法文本既规定国家生活，也规定社会生活，两者统一于宪法规范之中。有学者认为，从字面上理解，法治国家指国家范畴内的治国理政要通过法治实现，从广义上看，法治国家是国家与社会合二为一，既包括法治国家，也包括法治社会。[①] 国家与社会的关系实际上决定了宪法对政治国家与社会生活的统一调整的必要性与客观依据。用分立模式来解释，"民法为市民社会的构造原理，即民法是市民社会的基本法，宪法为统治机构

---

① 孙笑侠：《宪政的共识与可能性》，《法学研究》2013 年第 2 期。

的构造原理，即宪法为国家的基本法"。① 从发生学的角度看，宪法是一种共同体的规则，是协调社会与国家关系的价值尺度。社会自治是必要的，但离开一定形式的国家干预，所谓的社会就会失去必要的活力。在这种意义上，国家能够对社会起到一种补充作用，是社会发展必不可少的条件。现代宪法不仅是调整国家生活的根本法，同时也是调整社会生活的根本法，通过宪法调整维护国家与社会的价值。因此"法治国家"的规范内涵中包含法治社会，不宜把"法治社会"从法治国家的体系中剥离出来，否则国家与社会的完整性就会受到破坏，结果就是规范体系的混乱。

第四，从"法治国家"的价值内涵来说，"法治国家"同时也是"宪治国家"。根据宪治的原理，宪治是宪法实施的政治状态与过程，宪法是宪治的前提和依据，宪治是宪法的运行和实施。一个国家的宪法，只要得到全面严格的实施，就是宪治。

进入21世纪，国际局势发生了新的深刻变化，各种矛盾错综复杂，在机遇和挑战并存的国内外条件下，必须传承中国共产党的宪法观，坚持依宪治国的理念，这样才能保证执政党在变幻莫测的历史进程中走在时代前列，并在建设中国特色社会主义的历史进程中始终成为坚强的领导核心。习近平总书记在首都各界纪念现行宪法公布施行30周年大会上的讲话中指出："宪法的生命在于实施，宪法的权威也在于实施。"因此，宪法理念的树立，必须从宪法实施着手。

（四）"依法治国"与"法治国家"

关于两者的关系，李步云教授做了如下分析。从广义上看，依法治国包括"法治国家"。依法治国是一项治国的战略方针，它的内涵主要有两个：一是依法治国是一种治国的理念与指导思想；二是依法治国是一种治国理政的根本行为准则，即国家不应依照少数领导者个人的看法、智慧、注意力来治理，而必须依照符合事物规律、时代精

---

① 陈华彬：《民法的现状及其展望——从世界的角度》，《法治研究》2011年第1期。

神、人民利益、社会理想的法律来治理，不能权大于法，不能长官意志决定一切。建设社会主义法治国家是一项治国的战略目标。它是现代社会在政治法律制度上的一种模式选择，是近代以来最进步、最文明的一种政治法律制度类型。因此，它应具有一系列具体明确的标志和要求。① 这一区分在理论上有一定的合理性，但在规范体系上其界限并不明确，如治国的"战略方针"与治国的"战略目标"之间难以确定具体的界限，作为具有规范意义的"法治国家"既是目标，又是过程，对现实的公权力与制度运行产生约束力。如前所述，依法治国中的"国"首先是政治共同体的国家，通过法律治理国家生活，建设符合法治特征的国家，不是一般意义上的"法制国家"，要体现现实法律效力与目标的统一，遵循法治的原则。当然，社会主义"法治国家"的发展受经济、社会、文化发展的制约，表现出法治发展的阶段性特征。

（五）"法治国家"与"法治中国"

"法治中国"作为政治话语，不应取代作为法律概念的"法治国家"，两者之间存在共同的价值基础，但含义不同。在强调"法治中国"的重要性与现实意义时，我们同时承认其宪法上的界限。如前所述，"法治国家"在我国宪法文本上具有明确的规范基础，对所有国家生活与公权力产生约束力。我们建设的法治国家是"社会主义法治国家"，区别于一般意义上的"法治国家"，既体现中国特色，又反映人类治法发展的普遍规律。因此，在强调"法治中国"的重要性时，我们要防止削弱"法治国家"规范价值的倾向，需要坚持法治的基本底线，不能以任何理由突破"法治国家"规范所确定的界限。

（本文原载于《吉林大学社会科学学报》2014 年第 3 期）

---

① 李步云：《建设社会主义法治国家》，《中共中央党校学报》2008 年第 2 期。

宪法至上是建设法治国家之关键

吴家麟[*]

在党的十五大上，江泽民总书记向全党、全国和全世界表达了中国要"依法治国，建设社会主义法治国家"的坚定决心。这标志着我国的社会主义民主法制建设已发展到了一个新阶段，但建设社会主义法治国家，不是一厢情愿的事，而是需要一系列条件。一般说来，一个名副其实的法治国家需要具备以下5个方面的条件：①实行良法之治，法律要民主化；②法律要有极大的权威，要居于至高无上的地位；③实现法律面前人人平等的原则；④政府权力受到制约；⑤公民权利得到保障。在这5个重要条件中，法律至上原则的实现是最关键的一条。没有这一条，其他几条都无从谈起。从法律的角度来说，法律至上的核心，就是宪法至上。因此，确切地说，宪法至上乃建设社会主义法治国家的关键。

一　法律至上是法治国家的关键

全世界的国家数量众多，但从治国方式、方法这个角度来说，只有人治和法治两种。二者必居其一，别无其他选择。世界上各国的国情是千差万别的，但任何一个国家，只要选择了法治的道路，而且搞的是真正的法治，就必须具备一个共同的条件，那就是：法律具有至高无上的权威性。这是因为，人治与法治的根本区别，并不在于治理

---

[*]　吴家麟，宁夏大学教授，原校长。

国家需要的是发挥人的作用还是法的作用，而是在于人的地位与法的地位的高低。一个国家，如果人高于法，权大于法，法服从于人，树立个人的最高权威，那就是实行人治的国家；反之，如果是法高于人，法大于权，人服从于法，树立法律的最高权威，那就是实行法治的国家。这里的"人"并非指一般的平民百姓，而是指大权在握的人。在封建专制制度下，君主握有至高无上的权力，居于至高无上的地位，法律只是握在君主掌心里并听任君主摆布的工具而已，哪能至上？美国独立战争时期的平民政论家潘恩把国王和法律的地位做了个对比，他说："在专制制度下，国王就是法律；而在民主制度下，法律就是国王。"妙哉斯言。

专制制度与民主制度，君权至上与法律至上，人治与法治，这几对概念是相对应的，后者取代前者是历史发展的必然趋势。所以走"依法治国，建设社会主义法治国家"的道路，是顺应历史发展的潮流和符合人民大众的需要的。综观世界各国，人治国家的范围不断缩小，法治国家的范围不断扩大，已实现和正在走向现代化的国家大都选择了法治道路，这绝不是偶然的现象。有个人权力至上就不可能有法律至上，没有法律至上也就不可能有真正的法治，而没有法治的民主就不是中国所需要的社会主义民主，中国人民所争得的民主制度就得不到保障。"文化大革命"10年的惨痛教训就证明了民主与法治是不可分的，是相互依存、相互促进的。所以，邓小平同志关于民主必须与法制相结合的理论，是对马克思主义民主观的一大发展。

有些同志赞同"法律要有权威性"的提法，但不同意"法律至上"的口号。他们问："既然党是领导一切的，当然包括领导法律在内了，怎么能提法律至上呢？"笔者的答复有以下3点。第一，"法律至上"并非把法律与执政党比上下高低，法律是国家意志的体现和人们行为规范的总和，并非政治和国家组织，它不可能比执政党、比国家政权高，只是说它比其他行为规范高，如比党的政策、行政法规、行政命令、长官指示高。第二，十五大报告强调指出："党领导人民制定宪法和法律，并在宪法和法律范围内活动。"有不少同志只看上半句，不理下半句，这是"只知其一，不知其二"。党的十二大通过的党章就规定了"党必须在宪法和法律范围内活动"。十二大报告强调指出，这是一项极其重要的原则。从中央到基层，一切党组织和党员的活动都不能同国家的宪法和法律相抵触。彭真同志认为，党章这样规定，宪法也这样规定，这就解决了过去我们国家所没有解决或者未明确解决的问题，也就解决了社会主义民主和社会主义法制这个关键问题，具有划时代的意义。① 针对有人提出的是法大还是哪级党委大、哪位首长大的问题，彭真同志说，我们的法律是党和国家方针和政策的定型化，它是党领导制定的，它是代表党和全国人民的意志和利益的。有谁比党中央还大，比全国人民代表大会还大呢？党员服从法律，就是服从党的领导，就是服从全国人大。② 第三，坚持法律至上原则，维护法律的极大权威性，既总结了历史的教训，又适应了现实的需要。实行依法治国，建设法治国家，既要遵循共性的法治规律，又要适应各国的国情差异。法律至上就是法治国家所要共同遵循的最基本原则，做不到这一点就谈不上什么法治。如果法律得不到遵守和执行，再"良"的法也起不了作用；如果有人能超越于法律之外，凌驾于法律之上，谈何"法律面前人人平等"？如果国家权力被随意滥用，公民权利经常受到侵犯，有何民主可言？在"文化大革命"时期，民主横遭践踏，法制备受摧残，出现了"和尚打伞，无法无天"的混乱局面。在邓小平同志主持下制定的党的十一届六中全会的决议，把"虽然制定了法律，却没有应有的权威"③ 看成"文化大革命"

---

① 彭真：《论新时期的社会主义民主与法制建设》，中央文献出版社，1989，第286页、第291页。
② 彭真：《论新时期的社会主义民主与法制建设》，中央文献出版社，1989，第22~23页。
③ 《中共中央关于建国以来党的若干历史问题的决议》，载《中共中央文件选编》，中共中央党校出版社，1992，第176页。

发动和发展的重要原因之一。那么，法律应有什么样的权威呢？应该有"极大的权威"。① 极大者，最大也，和"法律至上"的含义不是相近甚至相同吗？

二 宪法至上是法律至上原则的核心

法律是一个完整的体系，它是由许多部门、众多单个的法律组成的。法律与法律之间，层次高下不同，地位高低相异，效力也不一样。其中，宪法的层次、地位和效力都是最高的，因为其他法律的制定，都必须以宪法为依据，都不能与宪法的规定相抵触。相对于刑法典以外的刑事法律来说，刑法典也是"母法"，但这只是相对而言的，如果相对宪法而言，刑法典本身也只是子法，因为刑法的立法依据是宪法。因此，宪法的最高法、母法的地位是绝对的，宪法的权威性、至上性也是绝对的。

过去讲宪法效力的最高性，偏重于从学理的角度来解释，引用的也尽是外国宪法条文。我国现行《宪法》为了突出权威性，在序言部分庄严宣告："本宪法以法律的形式确认了中国各族人民奋斗的成果，规定了国家的根本制度和根本任务，是国家的根本法，具有最高的法律效力。全国各族人民、一切国家机关和武装力量、各政党和各社会团体、各企业事业组织，都必须以宪法为根本的活动准则，并且负有维护宪法尊严，保证宪法实施的职责。"《宪法》第5条全是关于维护宪法最高权威的规定。第1款规定，"国家维护社会主义法制的统一和尊严"，宪法正是社会主义法制统一的最高标准。第2款规定，"一切法律、行政法规和地方性法规都不得同宪法相抵触"，这正是宪法至上原则的明确表现。第3款规定，"一切国家机关和武装力量、各政党和各社会团体、各企业事业组织都必须遵守宪法和法律。一切违反

---

① 中共中央文献研究室编辑《三中全会以来重要文献选编》（下），人民出版社，1982，第818~819页。

宪法和法律的行为，必须予以追究"，一切国家机关当然包括最高国家机关在内，各政党当然包括执政党在内，这不正是宪法具有最高权威的法律依据吗？第4款规定，"任何组织或者个人都不得有超越宪法和法律的特权"，这正是法高于人、法大于权在法律上的明确表述。

再从政治层面上看，宪法所体现的不仅是一般意义上的中国人民的意志和利益，而且体现了中国人民的共同意志和根本利益，或者说是中国人民共同意志和根本利益的集中体现；宪法所巩固的不仅是中国人民经过长期斗争而取得的一般成果，而且是最大的成果——创建了新国家和建立了新制度。所以我们只能在总体上提法律至上，而在具体上则应提宪法至上，因为除了宪法之外，任何一部法律都不能居于至高无上的地位，唯独宪法能。在我们国家，人民的地位是至高无上的，法律至上和宪法至上，正是人民至上在法律上的直接表现，因为宪法和法律都是人民的意志和利益的表现。既然人民是至高无上的，那么宪法和法律理所当然地也应该是至高无上的。

三 近半个世纪来我国宪法至上原则实现难

1954年，我国第一部宪法在人民企盼中诞生了。这是一部好宪法，但它的实施过程充满了艰难和坎坷。1955年的"反胡风运动"，1957年的"反右派运动"，1958年搞人民公社政社合一，等等，都使宪法在人民心目中的权威受到了损害。

在"文化大革命"时期，宪法也好，人大制度也好，公民权利也好，都处于名存实亡、不宣而废的反常状态。1975年修改的宪法从内容到形式都充满着极"左"的色彩，好在它也没有真正实施。

1978年再次修改宪法，因为当时还处在执行"两个凡是"思想路线的年代，不可能通过修改使宪法得到实质性的改善。

1982年宪法是党的领导和人民群众集体智慧的结晶，是新时期治国安邦的总章程，是合乎我国国情、符合全国各族人民共同意志和根本利益的好宪法。1982年宪法的颁布和实施，标志着宪法权威逐步树立、宪法尊严受到尊重的法制建设新时代的开始。

从新中国成立算起，至1998年已近半个世纪了，从1954年第一部宪法颁布算起至1998年也历经44年了。在这40多年中，我国宪法能正常运作的时间还不到一半。中国实施宪法难度之大，由此可见一斑。

我国宪法至上原则难以实现的主要原因有以下4个方面。

1. 长期封建专制制度的影响

中国实行封建专制制度长达两千多年。新中国成立后，经过土地改革，封建经济制度已被铲除，但封建主义的影响在政治和思想领域仍然存在，有的还很严重，绝不可等闲视之。

在封建专制制度下，法律是没有多大权威的，这是因为以下两个原因。第一，旧中国没有民主，那时的法律是反动的法律，是压迫广大劳动人民的法律，人民对它深恶痛绝，恨而远之，哪会自愿遵守呢？所以旧社会的法律在人民心目中毫无威信可言，人民千方百计地远离它、逃避它，力图把反动的法律和政权推翻。第二，旧中国实行的是封建专制制度，皇帝高高在上，朕即国家，君权至上，法从君出，皇帝说的话就是法律，还是效力最高的法律，他出言成法，也可出言废法。

人治的4个特征在皇帝身上得到全面的体现：皇帝的地位比任何人都高，皇帝的权力比任何法律都大，全国臣民都要服从皇帝一个人，一切法律都要听从皇帝摆布。朝廷致力于向全国臣民灌输"君权神授"思想，制造对皇帝的盲目崇拜，什么"真命天子""真龙下凡""民不可一日无君""天皇圣明，臣罪当诛"，一连串神话到处被宣扬。当年袁世凯已经当上大总统了，还想过过皇帝瘾，以摆脱"约法""国会"的微弱约束。可见，至高无上的君权实在太有诱惑力了。

革命军兴，皇冠落地，君权被废除了，不至上了，取而代之的是新老军阀的专制统治。国民党一党专政、蒋介石个人独裁的垮台，标志着封建专制制度的彻底完结。

但是，旧制度的消灭，并不意味着旧思想的肃清，封建思想的残余影响还未消失。对此我们要有清醒的认识。

2. 人治传统根深蒂固

战国后期，以韩非为代表的法家人物向秦始皇献上二策：一是厉行法治；二是实行封建专制制度。尽管韩非精通逻辑，擅长论辩，可是他这二策却是自相矛盾的，因为厉行法治与封建专制是相互排斥、不能并存的。衡量轻重，秦始皇选择了君权至上的封建专制主义道路。对于法治，则取其表而弃其里，把"法为治本"降为"法从君出"，使法律成为掌握在君主手里的工具。不仅秦始皇如此，历代帝王也都做了这种选择，因为至高无上的、不受限制的权力是封建帝王身上的"通灵宝玉"，是万万丢弃不得的。所以，从本质上说，儒法两家是没有根本区别的，因为他们都是封建专制制度的拥护者，都是主张"君权至上"的，而"君权至上"正是"法律至上"的对立物，也正是人治的重要特征。

主张搞人治的人们，向往崇拜和津津乐道的是圣君贤相，清官廉吏，歌颂他们能为民请命，为民作主。倾向于把国家和人民的命运寄托在寥寥可数的明君、清官身上，那是绝对靠不住的，因为在封建社会，贪官犹如过江之鲫，昏君也比比皆是，而清官、明君则难得一遇，何况还有"人存政举，人亡政息"这一因素在起作用呢！

人治的对立面是民主，社会主义民主是人民民主，人民民主的实质和核心是人民当家作主，而不是当官的"为民作主"。我们应该通过宪法教育使人民对自身的主人翁地位有所认识，使人民划清"人民当家作主"与"当官的为民作主"的界限，不能把"民主主义"与"民本主义"混为一谈。否则，法律的权威根本就树立不起来，更谈不上"法律至上"了。

3. 商品经济发展慢，计划经济时间长

从 1953 年开始，我国的经济建设驶入了计划经济的轨道，在当时计划就是法律，那就没有必要搞经济立法了。那时候，人们关注的中心是完成计划或提前超额完成计划，至于把计划纳入法制轨道的任务，就被束之高阁了。可见，虽然计划并不排斥法律，但过分强调计划的作用，后果只能是削弱和降低法律的作用。我国从 1953 年起实行计划经济，而计划法却始终没有出台，这正是忽视把国民经济计划纳入法制轨道的明证。商品经济发展迟缓，计划经济时间漫长，不能不对法律的权威性产生负面影响。

市场经济是法治经济。这表现在以下两个方面。第一，与计划经济是行政命令型的经济不同，市场经济是自由竞争型的经济，自由竞争需要竞争规则，正如体育竞赛需要竞赛规则一样，市场的自由竞争也需要市场竞争的规则，不然，市场的秩序非乱不可。第二，与计划经济不同，市场经济与民主、自由、平等、契约等制度和观念有着不可分割的联系，因为市场经济要求独立自主的市场主体和自由平等的市场竞争，市场主体间的关系应以契约形式出现，这决定了市场经济需要法治，需要以民主为前提，需要在排斥个人专断的基础上确立法律至上的法治。人治与法治的关系迟迟未能理顺，法律至上原则迟迟未能确立，正是我国经济体制迟迟未能从计划经济向市场经济转轨的重要原因之一。

战争环境下形成的"重政策、轻法律"传统没有及时转变。过去在革命战争时期，我党领导人民推翻"三座大山"，斗争的重要方式是军事斗争和群众斗争。那时候，我们主要根据党的政策办事，根据地的政权也有一些法律，但数量很有限，内容也很简单，只能起辅助作用，因为法律所能调整的主要是较为稳定的社会关系，而革命根据地条件艰苦，处境险峻，得失频仍，时常易手，立法很不容易，执法更为困难。因此，那时"重政策、轻法律"是很自然的，也只好如此。但推翻了国民党反动政权之后，情况就大不相同了。有了全国性的政权，本应该从依靠政策办事，逐步过渡至不仅仅依靠政策，而且还要建立和健全法制，依法办事，以适应胜利后新形势的需要。可是，新中国成立后长时间内没有这个认识，总觉得有党的领导，有政策方针就可以了，法制迟搞一些不碍事，结果贻误了大事，导致了灾难性的后果。还是林彪、"四人帮"那些丑类从反面教育了我们，使我们恍然大悟：原来社会主义法制是非搞不可的。有了这个认识，我们党，我们国家才得以转危为安，这是不幸中的大幸。

4. 当前社会上蔓延滋长的歪风，恶化了执法环境

执行宪法和法律，需要良好、优化的社会大环境，可惜改革开放以前，我国的执法环境一直不佳，甚至十分严峻。在"文化大革命"结束以前，对执法起冲击作用的主要是那无休无止的政治运动，"运动一来，法律靠边"，这已经成为带规律性的现象，毫无例外。十一届三中全会以后，执法环境得到进一步改善，但不可否认的是，由于我们对市场经济的弱点和缺陷注意得不够，防范得不力，精神文明建设抓得不紧，社会上一股股歪风在滋生、在蔓延，导致了社会风气的恶化。有些执法人员把法律、纪律、道德、良心全都抛诸脑后，一切以捞取物质财富、追求豪华享受为唯一标准，心目中哪会有宪法和法律的地位？

近年来，在政法战线上，权力、金钱和人情对执法队伍轮番冲击，"一只只沾满钱臭的手，伸向法官、检察官、警官，极力推行法的商品化，执法机关的市场化。那双看不见的手在使劲地拉他们，现代化的声色犬马极力诱惑他们，一些法官、检察官、警官，变成了一身腐气，两袖污泥"。[①] 执法犯法现象的频繁出现和急剧蔓延，使部分执法者从维宪护法逐步向违宪犯法的方向逆转。执法犯法这一腐败现象在蔓延滋长。司法腐败是最严重的腐败，因此，坚决反对政法部门的腐

---

① 郑天翔：《论反腐败》，人民法院出版社，1995，第63页。

败现象，已成为当前政法战线最为突出和紧迫的任务。

四　为保证宪法具有最大的权威应采取的对策和措施

执法环境恶化的原因很多，有历史方面的，有现实方面的，有政治方面的，有经济方面的，也有文化和法律方面的。因此，采取单项措施解决不了根本的、深层次的问题，必须"破立结合，标本兼治，综合治理，多管齐下"。为了逐步解决法律至上难，特别是宪法至上难的问题，需要采取以下几个方面的对策和措施。

第一，积极稳妥地推进政治体制改革。

中国当前所需要的改革，不应该是单项的改革，而必须是包括经济、政治、军事、科技等方面的全方位的整体性的改革，因为改革需要配套进行，而不能孤立进行。

在多种改革之中，经济体制改革自应居首要地位，因为实现国家现代化，发展生产力的任务，只能通过经济体制改革来完成。经济体制改革又离不开政治体制改革，需要政治体制改革的配合。邓小平同志说过，"不改革政治体制，就不能保障经济体制改革的成果，不能使经济体制改革继续前进，就会阻碍生产力的发展，阻碍四个现代化的实现"。[①]

对政治体制改革的态度一要积极，二要稳妥。这是因为，目前已经存在政治体制改革不适应经济体制改革的要求这一情况，如果不搞政治体制改革，经济体制改革难以贯彻；而政治体制改革所涉及的不是一般性问题，而是至关重要的政治权力配置问题。中国情况复杂，困难很多，在触及许多人利益的问题上，不可贸然行事，需要审慎从事，否则可能影响政治和社会的稳定。十五大报告确定了"当前和今后一段时间"内政治体制改革的5项主要任务。这说明我国的政治体制改革是分阶段进行的，既有能够满足改革发展需要又不超过社会

[①]《邓小平文选》第3卷，人民出版社，2001，第176页。

可以承受程度的近期任务，还有解决深层次矛盾和高难度问题的远期目标。

小平同志明确指出，我国"要通过改革，处理好法治和人治的关系，处理好党和政府的关系"。① 能否树立宪法的最高权威，能否使宪法至上的原则得到实现，这是衡量法治和人治的关系是否已经处理好的首要标准，而这个问题只能通过推进政治体制改革的途径来解决。因为宪法至上原则的实现必须以理顺党政关系为前提，而解决党政关系这一深层次的问题又依赖于政治体制改革远期目标的实现。可见，推进政治体制改革，处理好党政关系以及法治和人治的关系，这三者是存在辩证的统一关系的。

第二，宪法自身要进一步完善。

我国现行宪法是一部很好的宪法，这是公认的事实，但这并不意味着这部宪法已经尽善尽美了，还应该随着形势的发展进一步加以完善。为此要逐步解决好以下几个问题。一是宪法修改问题。宪法不能朝令夕改，如果频繁修改，就无法保持宪法应有的稳定性和连续性，从而损害宪法的权威性。但是，宪法的稳定性与宪法的权威性不一样，后者是绝对的，而前者则只能是相对的。古代法家人物主张法要因时而变，是很有见地的。宪法的绝对权威性与相对稳定性相结合，稳定性与变动性相统一，是对宪法修改问题应采取的基本态度。频繁修改不对，当改不改也不好。今后不宜动辄大改，但必要的修改还得要。二是宪法配套问题。江泽民同志曾经指出："必须在积累实践经验的基础上，搞出实施各种基本法律和法规所需要的具体条例来，没有这种条例，基本法律和法规的贯彻落实就会遇到许多的困难。"② 基本法律需要配套，宪法更需要配套，因为宪法是国家的根本大法，原则性的规定比较多，如果没有相应的法律与之配套，那执行起来就很困难。

---

① 《邓小平文选》第3卷，人民出版社，2001，第177页。
② 江泽民：《在第三次法制讲座上的讲话》，《人民日报》1996年2月9日。

现行宪法中有"依照法律规定"的条款达43条之多，其目的就在于制定配套法律以提高宪法的可操作性。多年来，与宪法相配套的法律相继出台，但还不完全。三是宪法监督问题。江泽民同志所做的党的十五大报告把加强权力的监督问题放在十分重要的地位上，指出，"要深化改革，完善监督法制，建立健全依法行使权力的制约机制"，还强调必须"加强对宪法和法律实施的监督，维护国家法制统一"。在宪法实施方面，现行宪法做了比1954年宪法更为周密的规定，如把"修改宪法"和"监督宪法的实施"的职能授予全国人大，把"解释宪法"和"监督宪法的实施"的职能授予全国人大常委会，在上级机关对下级机关实行领导监督的职权中，增加了纠正法律、法规违宪的内容。但是，我国没有专设宪法监督机构，监督宪法实施的工作由全国人大及其常委会承担，全国人大一年只开一次会，全国人大常委会两个月开一次会，很难具体行使监督宪法实施的职权。多年来我国法学界要求设立宪法监督委员会之类专设机构的呼声不断，现在该是把这个问题提到议事日程上来的时候了。

　　第三，坚持和改善党的领导，逐步理顺党政关系。

　　"法之不行，自上犯之"，这是符合历史和现实的经验之谈。宪法更是如此，因为一般平民百姓是没有违宪的可能的。有的人既违了法，又违了宪，那一概按违法处置。美国有大量的违宪案例，尽是诉政府、诉国家、诉总统、诉部门及官员的，从没有诉一般公民的，一般公民是当不了违宪案件的被告的。由此可见，宪法的最高权威的维护，关键在于最高决策者。

　　由于历史等诸方面的原因，从建立革命根据地开始，就存在党政关系理不顺的问题。毛泽东同志在《井冈山的斗争》一文中，就批评了"以党代政，党政不分"的现象；邓小平同志在抗日战争时期，也反对过"以党治国"的观念。由于当时处于艰难复杂的战争环境，需要加强党的统一集中的领导，党政关系理不顺的问题一直得不到解决。20世纪80年代，邓小平同志提出了坚持和改善党的领导的正确方针，但要具体落实很不容易，更不是短期内能解决得了的。邓小平同志认为："党管政府怎么管法，也需要总结经验。党政分开，从十一届三中全会以后就提出了这个问题。我们坚持党的领导，问题是党善于不善于领导。党要善于领导，不能干预太多，应该从中央开始。这样提不会削弱党的领导，干预太多，搞不好倒会削弱党的领导。"① 这是理顺党政关系的指导思想。十五大报告中虽然没有专门提出这个问题，但中央提出的政治体制改革5项任务中，都涉及这个问题。

当然，要彻底解决党政关系问题，要在"当前和今后一段时间"之后。到那时，宪法至上原则才有彻底实现的可能。

第四，依法治国，厉行法治，逐步理顺党法关系。

党法关系是从属于党政关系的，是党政关系的一个方面。党政关系理顺了，党法关系这个问题也就迎刃而解了，因为"党政关系"这个政，不仅指政府和行政部门，而且包括整个政权机关在内，是包括国家权力机关和司法机关的。邓小平同志强调："纠正不正之风，打击犯罪活动中属于法律范围的问题，要用法制来解决，由党直接管不合适。党要管党内纪律的问题，法律范围的问题应该由国家和政府管。党干预太多，不利于在全体人民中树立法制观念。"② 江泽民同志也谈过党法关系问题，他曾对外国记者明确表示："我们绝不能以党代政，也绝不能以党代法。这也是新闻界讲的究竟是人治还是法治的问题。我想我们一定遵循法治的方针。"③

十五大报告把"依法治国"确定为治国方略，江泽民总书记对"依法治国"的内涵做了全面的阐释，指出它的基本精神就在于"把

---

① 《邓小平文选》第1卷，人民出版社，2001，第10~12页。
② 《邓小平文选》第3卷，人民出版社，2001，第163~164页。
③ 《江泽民答记者问》，《人民日报》1989年9月27日。

坚持党的领导,发扬人民民主和严格依法办事统一起来"。这告诉我们,任何把坚持党的领导与严格依法办事割裂开来、对立起来的观点和行为都是和党的"依法治国"的方针背道而驰的。大力宣传"依法治国"的内涵和基本精神,使之成为全党上下和全国人民的共识,并付诸贯彻实施,可以为理顺党法关系打下坚实的思想基础。

第五,要把民主法制实践和民主法制教育结合起来。

江泽民同志指出:"有了比较健全和完善的法律和制度,如果人们的法律意识和法律观念淡薄,思想政治素质低,再好的法律也会因为得不到遵守而不起作用,就会形同虚设。"① 因此,要加强普法教育,不断地提高干部和群众的遵守法律、依法办事的素质和自觉性。我们在普法教育中,要把领导干部的民主法制教育列为第一重点,因为只有干部掌握了法律,增强了法律意识,才能提高运用法律手段管理经济和社会事务的本领,才能带动群众学法、用法,把表现人民意志的法律交给广大人民。

在党的十四大上,江泽民同志提出:"要把民主法制实践和民主法制教育结合起来,不断增强广大干部群众的民主意识和法制观念。"② 多年来我国基层民主建设的实践证明,对基层群众进行民主法制教育,是很有必要的,是有积极意义的,但单靠正面教育是远远不够的,必须把对群众的民主法制教育和群众自身的法制实践结合起来,这样才能收到良好的效果。新中国诞生几十年了,民主教育也进行多年了,而中国的选举制度的民主程度仍然不高,前进的步伐实在太慢了。原因何在呢?最近报刊上登载了一批关于农村村委会选举的新闻报道,这些报道给了人们启发和鼓舞。在民主选举中,基层群众的积极性被调动起来了。活生生的事实告诉我们,只有把民主法制的宣传教育和实践活动结合起来,民智才能从"未开"发展到"大开",

---

① 江泽民:《在第三次法制讲座上的讲话》,《人民日报》1996年2月9日。
② 江泽民:《在中国共产党第十四次全国代表大会上的报告》,人民出版社,1993,第36页。

学习游泳必须下水嘛！十五大把"扩大基层民主"看成"社会主义民主最广泛的实践"，并提出"健全民主选举制度""对干部实行民主监督"、坚持和完善"民主管理制度"等有力措施，使"扩大基层民主"的任务真正落到实处。这对挖掉根深蒂固的人治的根子，提高宪法和法律的极大权威是大有好处的。

（本文原载于《法商研究》1998年第3期）

"国家尊重和保障人权"的宪法分析

焦洪昌[*]

党的十五大报告和十六大报告都提出，国家尊重和保障人权。2004年3月14日，十届全国人大二次会议通过了《中华人民共和国宪法修正案》，把"国家尊重和保障人权"写入宪法，作为《中华人民共和国宪法》（以下简称《宪法》）第二章"公民的基本权利和义务"中第33条的第3款。自此"尊重和保障人权"便由一个政治规范提升为宪法规范，将尊重和保障人权的主体由执政党提升为"国家"，获致了最高的法律效力，从而使尊重和保障人权由执政党的意志上升为人民的意志，由执政党的政治理念和价值上升为国家建设和发展的政治理念和价值。

然而，"徒法不足以自行"。新条款的入宪并不必然导致人权得到保障。相对于宪法的修改，宪法的实施更为重要。构建我国的人权保障机制是落实这一规范的根本途径，而机制的构建应建立在对人权保障条款宪法含义的科学解读上。所以，本文拟以"人权"的概念为切入点，辨析"人权"与"基本权利"的区别与联系，探究人权入宪深层次的原因和价值，解析"国家尊重和保障人权"这一宪法规范的内涵，探讨这一新条款的实施机制，从而为其实施提供理论上的准备。

一 "人权"与"公民基本权利"之辨

宪法中，一个新条款的价值是在与原条款的比较中显现的。修改

---

[*] 焦洪昌，中国政法大学法学院副院长、教授。

前的《宪法》第 33 条是对公民的"基本权利"的概括性规定,从第 34 条到第 50 条是对"基本权利"的具体规定。所以,从第 33 条到第 50 条构成了对公民的"基本权利"的一个兼具概括规定和具体规定的混合式规定。而"国家尊重和保障人权"这一新条款强调的是"人权",这是我国宪法以前没有出现的词语,似有突兀之感,也与原有条款显得难以协调。但在掌握人权及公民基本权利的关系后,我们就会发现这一条款的增加实质上是强化了宪法对公民权利的保障作用,在结构上也是能够做到与原条款协调和兼容的。

(一) 人权的分析维度及结构

"人权"(Human Rights)一词滥觞于资产阶级革命时期,其思想源于欧洲文艺复兴,[①] 伴随着人类社会从近代走入现代,其生命力历久弥坚,以至于演变成全球性的话语。正如美国著名学者路易斯·亨金所指出的那样:"人权是我们时代的观念,是已经得到普遍接受的唯一的政治与道德观念。"[②] 然而,何谓"人权"?这又是一个聚讼不定的概念。人们可以从多维的角度理解人权的属性。人权具有道德的属性,它与人道、人性与自然等范畴是联系在一起的;人权又具有法律的属性,此时它是与公民权利、国家意志紧密结合的;人权还具有国际的属性,此时它与主权是交织在一起的。如此种种。

所以,正确把握人权内涵的关键在于选择正确的维度。笔者认为,在人权的多种分析维度中,历史的维度和逻辑的维度是理解人权含义的基本方式。因为历史的考察可以使我们把握人权的发展脉络,而人权的逻辑分析则可以把握人权的存在形态。

人权的历史分析是由法国学者瓦萨克完成的。瓦萨克提出了三代人权理论。第一代人权是资产阶级的古典人权,即各项个人反对国家干预的自由权利,如人身权、财产权等。这一代人权的特征是国家对

---

① 李龙:《宪法基本理论》,武汉大学出版社,1999,第 148 页。
② 〔美〕路易斯·亨金:《权利的时代》,信春鹰等译,知识出版社,1997,第 1 页。

这些权利的实现负有消极不作为义务，故被称为"消极人权"。第二代人权始现于20世纪初叶，即要求国家积极参与的社会权利，如经济、社会和文化的权利。这一代人权的特征是国家对这些权利的实现负有积极作为义务，故被称为"积极人权"。第三代人权是关涉人类生存条件的集体性"连带关系权利"，如生存权、发展权、卫生环境权和共同遗产权等。① 所以，从历史的维度理解人权，就会发现人权本身是一个动态的范畴，随着时间推进，其内容体系会不断地更新与丰富。但这并不意味着新的一代人权会取代前一代人权。在任何时代，生命、自由、财产等权利都是不可或缺的。

关于从逻辑的维度分析人权，我国学者存在不同的认识。如有学者认为，人权有4种存在的形态：①应有权利；②法定权利；③习惯权利；④现实权利。② 也有学者认为，人权的存在形态应为3种：①应有形态的权利；②法定形态的权利；③实现形态的权利。3种权利的形态中，"应有形态"是最核心的形态，"应有形态"是"法定形态"和"实有形态"的合理性基础和具体权利的来源。③ 两者的区别在于习惯权利是不是权利存在的独立形态之一。有学者指出，习惯权利不能成为人权的存在形态之一，因为"习惯权利有合理与不合理之分"，合理的习惯权利已被法律所认可，因而可以归结为法定权利。④ 也就是说，习惯权利作为与法定权利同时存在的一个特殊领域，只有在和法律并存，且习惯是法定权利前身的场合下才是合理的。⑤ 笔者同意这一见解。所以，下文将从人权的应有、法定和实有3种形态去把握人权的内涵。

---

① 〔瑞士〕胜雅律：《从有限的人权概念到普遍的人权概念——人权的两个阶段》，载《比较法学的新动向——国际法学会议论文集》，北京大学出版社，1993，第134~135页。
② 张文显：《论人权的主体与主体的人权》，《中国法学》1991年第5期。
③ 李步云：《法理探索》，湖南人民出版社，2003，第169页。
④ 陈兴良：《论人权及其刑法保障》，载《当代中国刑法新视界》，中国政法大学出版社，1999，第206~207页。
⑤ 吕世伦主编《马克思恩格斯法律思想史》，法律出版社，1991，第110页。

应有权利，是指人应当享有的权利，表明人权的应然性。肯定应有权利作为人权存在的形态之一，表明人权的内涵不具单一性。由此，不能简单地将人权与法律权利等同。在某种意义上，人权的应然性解决了法律权利的来源问题。所以，有学者将这种应然权利称为道德权利。① 它强调了人权与道德的密切关系，凸显了人权的价值性。但如果将这一推断推向极致，肯定人权的道德性而否定人权的法定性，则是对应有权利的一种狭隘理解。②

法定权利，是由法律确认和由国家保障实施的权利，是应有权利的法定化形态，表明权利的法定性。应有权利只是权利的应然状态，在政治国家中需要公共权力的保障才能为人所切实享有。但法律对何种人权予以确认和保障则是特定国家在某一个历史时期受历史传统、政治状态等多种因素综合影响的。因而，法定权利并不是简单地对应有权利的囊括。

实有权利是指人们在现实社会中享有的权利状态，是应有权利的实现程度和权利的实然状态，表明权利的实然性。应有权利只有转化为实有权利，人权才由观念状态进入现实状态。在应有权利向实有权利转化的过程中，法定权利是媒介。所以，权利3种形态之间的基本关系是：应有权利为法定权利提供了价值源泉和判断标准，法定权利为应有权利的实现创造了条件，实有权利是应有权利和法定权利存在的根本取向。

(二) "人权"向"公民基本权利"的演化

如前所述，法定权利是人权存在的形态之一。法律对应有权利的保障在早期是通过普通法律实现的，即由法律将一部分人权制度化、

---

① 如沈宗灵先生认为，人权的原意并不是法律权利，而是指某种价值观念或者道德观念，因而它是一种道德意义上的权利和义务。参见沈宗灵《人权是什么意义上的权利》，《中国法学》1991年第5期。
② 〔英〕A. J. M. 米尔恩：《人的权利与人的多样性——人权哲学》，夏勇等译，中国大百科全书出版社，1995。

法律化，使人权的内容更明确、更具体，便于人们行使和国家保障。在宪法出现之前，并不存在"公民基本权利"的范畴。当人类社会发展到一定历史阶段后，人们认为有一些权利对人们非常重要，必不可少而应当享有，于是人们努力给予它们与其重要性相适应的确认和保障。通过西方市民革命，人们发现了宪法规范技术，即把那些对特定历史阶段中的人们应当享有的权利用具有最高法律效力的规范加以确认和保障，将其吸纳为宪法权利。"人"在宪法上的身份是"公民",[①]因而这部分"人权"被称为"公民基本权利"，实质是基本人权。[②] 而之所以这部分应有形态的人权被宪法保障，成为被称为"公民基本权利"的法定权利，是因为这些权利带有"根本性、基础性与决定性，在权利体系中处于核心地位"。[③] 所以，那种认为人权与公民基本权利实质上是同义语的观点是不严密的，并不能将二者简单等同。

联系到人权的应有形态和法定形态之间的关系，考察了"公民基本权利"的产生历史，即能够得出这样的结论：人权是公民权利产生的源泉，是其合理性的基础，公民基本权利来源于人权，公民基本权利也就是规定在宪法中的人权，是人权中"法定形态"的一部分。

（三）人权保障条款的入宪与中国公民权利的保障

在考察了人权与公民基本权利的关系后，我们能够科学地界定新入宪的人权保障条款对我国公民权利保障的功能。

第一，人权保障条款概括、提升和统摄宪法关于"公民基本权利"的规定，突出了人权原则，申明该章关于公民各项基本权利的规

[①] "公民"是自然人相对于政治国家的身份，是公法的概念，存在于自然人与政治国家之间的公法关系之中，其含义是特定的。

[②] 也正因此，公民基本权利在有些国家宪法里被称为"基本人权"。如德国基本法采用"基本权"（Gnmdrechte）的称谓；日本宪法第 11 条规定不得妨碍国民享有的一切基本人权，"本宪法所保障的国民的基本人权，为不可侵犯的永久权利，现在及将来予国民"。而在确立宪法对人权保障体制时，很多国家在宪法序言中或在宪法正文中确认基本人权的原则，又列举一定数量的公民的基本权利。参见李龙《宪法基本理论》，武汉大学出版社，1999，第 149 页。

[③] 董和平、韩大元、李树忠：《宪法学》，法律出版社，2000，第 309 页。

定体现的是"国家尊重和保障人权"的宗旨与原则,强调保障公民权利的实质就是尊重和保障人权,使宪法第二章的逻辑关系更为清晰。

同时,尊重和保障人权的宪法要求为涉及国家权力的宪法规范提供了正当性基础,使人权成为国家权力运行的指导性价值。国家权力是人权除公民权利外的另一种法律转化形式,用于人权的保障。人权是国家权力的正当源泉。宪法中的人权保障条款使宪法理顺了国家权力和公民权利的关系,即国家权力为保障人权而存在不仅是国家权力的道德要求,更是宪法规定的强制义务。以前,我国宪法更多确立的是如何保障国家权力的运行,没有显现设立、配置国家权力的价值功能,国家至上的观念使公民权利置于较为次要的位置。尊重和保障人权的宪法规范要求国家权力的设立、配置和运行应当有利于人权的实现。

第二,在以权力主义为核心的宪法学中,公民权利是国家通过宪法和法律来实现的。由此,公民权利受国家的绝对支配。但通过对人权与公民基本权利关系的分析可以得知,人权存在应然性形态,这是公民基本权利的权源。宪法规范虽然对宪法权利的内容进行了表述和确认,并对其实施确立了一定的保障制度,然而,宪法权利并不是来源于宪法规范,人权才是宪法权利的基础,宪法权利根本上来源于人权,人类根据一定历史时期的实际情况将那些对人类至关重要的权利由宪法予以规范,从而形成"公民基本权利"。

进而言之,由于宪法是在特定历史阶段生成于其时的社会政治、经济形势,但历史在发展,应然层面的人权也在发展,所以,宪法对公民基本权利体系的确立应呈现开放性,随着社会经济文化的发展,积极地吸纳新的人权为法定权利。此时,人权保障条款的入宪为公民基本权利体系保持开放性提供了宪法根据和制度保障。

另外,宪法的高级法特征又要求其保持相对稳定性。但宪法的稳定性本身不能成为宪法保障人权的枷锁,它要求一种包容性:不仅被写入宪法和法律的人权要得到尊重和保护，而且未被写入宪法的人权也要得到尊重和保护，为人权保障提供宽阔的发挥领域。此时，人权保障条款的入宪为公民基本权利体系保持包容性提供了宪法根据和制度保障。

关于宪法是否应保障宪法外的权利一直是宪法理论中的一个重要问题。我国宪法的意识中，人的权利是宪法和法律规定的。所以，国家只保障宪法和法律规定的权利。这是将人民权利和国家权力本末倒置了。正如有学者所指出的，宪法规定公民的基本权利，绝不意味着公民只能享有这些权利，而仅意味着这些权利如此重要，它涉及公民的生命、财产、自由和安全，以至于需要国家特别加以保护。除此以外的权利，只要法无禁止，公民也可以行使，只是国家没有保障义务。① 如果说，在宪法修改之前可以得出以上结论，那么在人权保障条款入宪后，对国家保障人权应有更高的要求，即国家对宪法外的权利也有保障的义务。作为人权保障法的宪法不仅要保护宪法上的权利，也要保护宪法外的权利，这一人权保障的理念实际上已得到了普遍的认同。如美国宪法第 10 修正案规定："宪法未授予合众国，也未禁止各州行使的各项权利，分别由各州或人民予以保留。"一直作为法国宪法序言而长期保留的 1789 年《人权与公民权宣言》也庄严宣布："任何政治结合的目的都在于保存人的自然和不可动摇的权利。这些权利就是自由、财产、安全和反抗压迫。"

二 "国家尊重和保障人权"宪法规范学意义上的分析

"国家尊重和保障人权"被写入宪法，融入了现有的规范体系，获致了最高的法律效力。而要在社会生活中贯彻实施它，发挥其最高的法律效力，离不开对该宪法规范含义的准确把握。宪法规范是用以调整宪法关系的。宪法关系的特点之一是"在宪法关系中国家或国家

---

① 蔡定剑：《国家权力界限论》，《中国法学》1991 年第 2 期。

机关始终是重要的参与者,宪法关系既包括社会、国家与个人之间的关系,也包括国家机关之间的相互关系"。① 那么,"国家尊重和保障人权"这一新规范所调整的宪法关系的内容是什么呢?

我们不能认为它所调整的是国家机关与国家机关之间的关系。这一宪法规范不是要求一个国家机关去尊重和保障另一个国家机关的人权。因为任何国家机关的权力都是人民赋予的,其存在的目的是保障人民的权利,其本身没有独立的"权利"需要国家去"尊重"和"保障"。所以,这一规范所调整的是国家与个人的关系。但是,由于这一宪法规范脱胎于政治规范,在入宪时沿用了其作为政治规范的表述,在其演变成为宪法规范时,就必须将宪法规范学作为分析工具对其含义做出解说。

(一)关于本规范的性质

分析宪法规范首先需要对其性质做出界定。可以根据不同的标准对宪法规范做出不同的分类。其中一种重要的分类方法是根据宪法规范是为主体授予权利还是设定义务将其分为权利性规范和义务性规范。"国家尊重和保障人权"实质是为国家这一宪法关系的主体设定了宪法义务。所以,它是义务性规范。进而,我国《宪法》第2条规定,国家的一切权力属于人民。人民通过制定宪法将权力授予国家。所以,宪法为国家设定尊重和保障人权的义务,其实质是人民为国家机关设定这一义务,而其正当性根据在于国家权力来源于人民。所以,从这个角度而言,可以将此宪法规范理解为权利性规范,其完整的表述为"人民要求国家尊重和保障人权"。

(二)关于本规范中的一些范畴的含义

第一,"国家"的含义为何?

除这一新增规范外,我国宪法尚有多个以"国家"为行文主语的

---

① 徐秀义、韩大元主编《现代宪法学基本原理》,中国人民公安大学出版社,2001,第38页。

规范。例如，第 5 条"国家维护社会主义法制的统一和尊严"，第 7 条"国家保障国有经济的巩固和发展"，第 19 条"国家推广全国通用的普通话"，第 25 条"国家推行计划生育"。在这些宪法规范中，国家都是一个抽象的概念。从表面上看，似乎义务主体就是"国家"了。其实不然。原因在于，国家作为一个抽象的政治实体，一般只在国际法上承担责任。如果将"国家"作为"国家尊重和保障人权"的主体，则会造成宪法责任的无从着落。所以，将"国家尊重和保障人权"的义务主体界定为"国家"是一种简单化的理解。在此处，"国家"可做多维的理解：或指国家，或指政府，或指公民，或指人民。主要原因是这一条款原则性比较强，含义丰富，同时由于修宪技术的原因，对入宪条款基本沿用了其作为政治规范时的表述，而作为严格意义上的法律规范的要求则反映不够，从而造成了其法律规范上的意义不明确。

能否将其界定为"国家"中的人民或公民呢？我们分析一下"公民"或"人民"作为"国家尊重和保障人权"的义务主体的情形。如果将"公民"或"人民"作为"国家尊重和保障人权"的权利主体，则可能出现以下两个问题：一是"公民"既是权利主体，又是义务主体，在逻辑上产生矛盾；二是会出现"公民尊重和保障人权"这一毫无意义的说法。所以"公民"或"人民"不可能成为"国家尊重和保障人权"的义务主体。

所以，此处的"国家"具体是指国家机关。从宪治的角度讲，宪法的基本功能是保障公民的权利和限制与规范政府权力。在具体的宪法关系上，抽象意义上的国家是不存在的，国家的权力和义务由立法、司法和行政等具体的国家机关来承担和落实。同时，国家机关可以独立地行使权力、履行义务并独立地承担法律责任，有利于宪法的实施和宪法责任的落实。因此，从宪法学学理的角度讲，"国家尊重和保障人权"的义务主体是政府（国家机关）。而在国家机关中，权力机关、行政机关、审判机关和检察机关都应构成义务的主体。

第二,"尊重"的含义为何?

在我国现行宪法中,尚没有其他条款有"尊重"一词出现。查权威汉语词典,汉语中的"尊重"意指"尊敬与重视"。由此,可以对该规范中的"尊重"做出两种理解:一是表明国家对人权的基本立场和宪治理念的提升,即以人权的实现为国家权力运作的价值取向,而不仅单纯地追求社会秩序的稳定;二是国家权力要受到合理的限制,防止国家公共权力对人权的侵犯,从而从国家根本法的角度约束公权力对人权的侵害。在公民的基本权利中,对那些自由权利,如人身自由、宗教信仰自由等不需要国家干预即可实现的权利,国家除基于正当事由依法定程序可对其限制外,不得对其限制。此时,"尊重"意味着"不侵犯",国家负有不侵犯的消极义务。因为国家作为义务主体,处于强势地位,如果公共权力对公民的自由权利没有"尊重"之意,公民必将丧失这些权利。

第三,"保障"的含义为何?

除这一新条款外,我国宪法尚有多处以"保障"作为行文的谓语。例如,第4条"国家保障各少数民族的合法的权利和利益,维护和发展各民族的平等、团结、互助关系",第7条"国家保障国有经济的巩固和发展",第9条"国家保障自然资源的合理利用,保护珍贵的动物和植物"。这些条款中的"保障"是指国家运用政权力量来保证相应目标的实现。[①] 由此,在这一新增宪法规范里,我们可以对"保障"做出如下理解:"保障人权"即要求国家保护公民的各项权利免受来自国家机关、其他公民、法人和社会组织的侵害与破坏。对于那些自由权利,如人身自由、宗教信仰自由等,国家不仅自己不能侵犯,还需要在这些权利受到其他社会主体侵犯时为公民提供有效的救

---

① 全国人大常委会办公厅研究室政治组编《中国宪法精释》,中国民主法制出版社,1996,第117页。

济；对于那些需要国家干预才能实现的权利，如受教育权、就业劳动权等，国家不仅不能侵犯，还需要以政权的力量采取积极有效的措施保证其实现。所以，"保障人权"是为国家设定了积极义务。

（三）关于本规范的时间效力

宪法规范的时间效力，是指宪法规范在什么时间开始生效、什么时间终止效力，以及对宪法规范颁布以前的行为是否有溯及力。

人权保障条款一经全国人大通过并由全国人大主席团公布即生效。但并非随着条款的生效，我国的人权就完全得到了保障，一切侵犯人权的行为即能够得到纠正。实际上，权利从法定形态进入现实形态还将经历一个过程。这是由宪法规范本身的特点所决定的。

三 从人权保障的视角推进宪制的完善

我国现行宪法的前 3 次修改共形成了 17 条宪法修正案，其中有 11 条是有关经济制度的，较少甚至几乎没有涉及公民权利特别是人权保障方面的内容。所以，人权保障条款的入宪反映了国家对人权保障的重视，对于完善我国宪法的结构和促进我国人权保障都将起到重要的作用。但如前所言，并非随着该条款的生效，我国的人权就得到了切实的保障。

人权的最终保障有赖于完善的宪制建设。因为，宪法是人权的保障法，人权是宪法的出发点和归宿。① 人权保障条款也只有在完善的宪制中才能得到完全实施。所以，建构我国的宪制应从人权出发，人权的保障和救济需要什么样的宪制，我们就应当建立什么样的宪制。宪制的完善是综合性工程，如有学者所主张的加强立法、建立人权保障的专门机构等都甚为重要，但笔者认为其中以下 3 项是最为关键的。

（一）推进人权保障理念的更新

宪制的完善是以正确的宪治理念为先导的。在我国，由于受历史

---

① 李龙：《宪法新论三则》，《法学研究》1994 年第 3 期。

等多种因素的影响,对宪法的人权保障功能的认识一直是不足的。"宪法是统治阶级意志的集中体现""宪法集中反映各种政治力量的对比关系""宪法是治国安邦的总章程""宪法规定国家的根本制度和根本任务"等诸如此类对宪法的认识虽都从某一侧面反映了宪法的特征,但都带有强烈的"工具论"色彩,没有道出宪法的真谛。

"立宪主义的实质在于通过对权力的控制,保障社会成员的人权。"[①] 所以,如果需要以完善的宪制实现对人权的保障,首先要转变的是宪治理念,即需充分认识人权在宪法中的价值和宪法对人权保障的价值功能。人权是宪法的核心价值,宪法是人权的根本保障。而宪法对人权的基本保障方式是通过对国家权力的有效规范。此处的"规范"并非简单的"限制"。

其次需要转变的宪治理念是宪法本身并不"创造"公民权利,它对公民权利只是"确认和保障"。这一理念的根据在于权利的应然性。认识到这一点,我们将能够对宪法和法律中的公民权利体系持开放和包容的立场。一方面,我们并不僵硬地固守宪法和法律的稳定性,而能够因应社会的发展,选择恰当的时机将随着社会发展新出现的权利类型纳入宪法和法律,以使之更具确定性;另一方面,不坚持"法律外无权利",在宪法和法律未修改之前,能够通过法律解释等多种方式对宪法和法律上没有规定的权利实施保障。

(二) 建立合理的国际人权公约在国内的实施机制

"人权是无数国际条约的主题。"[②] 加强人权国际保护,已成为国际社会的大趋势。

中国的人权保障当然不能脱离人权保护的国际化背景。事实上自20世纪90年代以来,我国政府一直致力于人权保护的国际参与与合作。其中一个重要的表现是加入国际人权公约。迄今为止,我国已加

---

① 韩大元:《亚洲立宪主义研究》,中国人民公安大学出版社,1996,第7页。
② 〔美〕路易斯·亨金:《权利的时代》,信春鹰等译,知识出版社,1997,第1页。

入了21个国际人权公约。① 1997年中国政府签署了《经济、社会及文化权利国际公约》，1998年又签署了《公民权利和政治权利国际公约》，2001年3月全国人大常委会正式批准《经济、社会及文化权利国际公约》，2003年我国政府正式向联合国提交了履行公约的首份履约报告。这表明我国全面推进人权事业的政治决心，表明中国已经融入世界人权保障事业的潮流，正在努力扩大和加大保障人权的范围与力度。

在人权保障条款入宪以后，我国参加国际人权公约就不再是单纯的政治行动了，它是落实宪法中人权保障条款的一部分。但国际人权公约在我国的效力如何，宪法对这一问题没有做出规定，这将直接影响国际人权公约在我国的实施状况，并最终影响我国公民的人权实现程度。

国际人权公约在我国的效力包括两个层面的问题。

首先，关于国际人权公约在我国的效力位阶问题，即它是与法律处于同一位阶，还是与宪法处于同一位阶，抑或其效力高于宪法？解答这一问题的目的是解决如果国际人权公约的权利内容与宪法所规定的内容不一致时以何为准的问题。一方面，我国《宪法》只在第81条和第89条对缔结条约的程序做出了规定。从宪法规定可以得知，条约的缔结与法律的制定在程序上基本相同。据此，有学者认为，国际人权公约在我国与法律具有同等效力。这一观点虽未得到实定法的支持，但正如有学者指出的，在绝大多数国家，批准或者同意加入国际人权公约是由议会进行的，而议会只具有修改宪法或者是制定普遍法律的权力，对于议会来说，要将某些权利提升到宪法的水平是很困难的。② 我国的情况也是如此。所以，将国际人权公约在我国的效力界定为与法律同位更为恰当。另一方面，我国的一些法律，如《民法通

---

① 黄瑶：《国际人权法与国内法的关系》，《外国法译评》1999年第3期。
② 莫纪宏、宋雅芳：《论国际人权公约与国内宪法的关系》，《中国法学》1999年第3期。

则》《行政诉讼法》、《环境保护法》、《外交特权与豁免条例》和《领事特权与豁免条例》，都规定如果国际条约含有与该法律相抵触的地方，优先适用国际条约的规定。由此似乎可以得出结论，国际条约的效力要比法律高。但问题是：法律本身是否有权确立国际条约的效力比自身高？所以，这一问题的最终解决之道是由宪法予以规范。但在宪法对这一问题做出回答之前，并不意味着国际人权公约所确立的权利在我国只能受到法律层面的保护（因为可以通过修宪的方式将其上升为宪法权利），也不能以国际人权公约的效力在宪法之下而以其与宪法不一致而拒绝对国际人权公约中的权利提供保护。

其次，国际人权公约能否在我国的司法实践中得到运用？解答这一问题的目的在于解决在国际人权公约的权利没有被我国的宪法和法律确认时能否寻求司法的救济这一问题。对这一问题我国宪法也没有做出规定。有学者认为，由于《民法通则》等那些规定了国际条约在我国适用规则的法律几乎没有涉及人权问题的，因而我国加入的国际人权条约是不能由我国国内法院直接适用的。[①] 确实，我国目前也尚未出现直接根据我国参加的国际人权公约做出判决的案例，但上述理论与实践的正当性都是值得商榷的。我国参加的国际人权公约一直与宪法、法律、行政法规等一起被视为我国的法律渊源。何以其他法律渊源能够作为法院的裁判依据，而国际人权公约则不可以？

（三）建立有效的宪法监督机制

有效的宪法监督制度是完善的宪制不可或缺的内容。对于人权保障而言，它是根本的纠错机制。虽然普通诉讼制度能够解决人权侵犯中的问题，但不能解决立法侵权的问题。而立法侵权恰是对人权的最大威胁。所以法治发达国家无不建立宪法监督制度，以审查议会的立法是否侵犯了宪法保障的人权。

构建宪法监督制度在学界已不是一个新鲜的话题，但"国家尊重

[①] 黄瑶：《国际人权法与国内法的关系》，《外国法译评》1999年第3期。

和保障人权"的入宪为建立这一制度提供了新的正当性。关于宪法监督制度如何建立,笔者认为应遵循以下原则。

第一,既要坚持宪法监督制度的基本理念,又要立足中国国情。前者要求最终采用何种模式,能够使侵犯人权的现象得到及时的纠正与制裁,使宪法真正起到维护公民权利的作用。后者包括两层含义:一是只能在人民代表大会制度所能提供的制度框架内设计我国的宪法监督制度;二是所设计的宪法监督制度必须符合我国的法律制度特色,实现与相关的法律制度配套、衔接。

第二,必须遵循循序渐进、由易而难、积累经验、逐步完善的思路设计。西方国家的宪法监督制度无论是哪种模式,都经历了一个发展的过程。在此过程中,不断地总结其运行的经验教训,并不断进行调整完善。一方面,我国现行宪法监督制度虽然已存在了几十年,但基本上处于闲置状态,没有给我们提供可供借鉴的经验。另一方面,由于我国法治建设起步较晚,法治传统薄弱,相关的制度建设仍处于探索之中,而宪法监督制度必须与相关的法律制度如司法制度等做到相互衔接。这些都决定了我国的宪法监督制度不可能一步到位,而应按循序渐进、分阶段进行的思路设计。以现有制度为基点,逐步完善,使之真正有效地运作起来,在运行中及时总结经验,发现问题,及时改进。在既有制度成熟时,抓住有利的改革时机,将制度升级,最终建立符合我国国情的、运行效果良好的宪法监督制度。

第三,注重实效,加强可操作性。无论在宪法监督制度建设的哪个阶段,效果都是第一位的。必须充分保证其运行效果,实现其制度设计的预期目标。要做到这一点,程序是保障,所以应详细设计制度运行的程序,加强其可操作性。

根据以上原则,在机构设置上,笔者认为,可以在全国人大之下设立宪法委员会。在初期,可将宪法委员会设置为全国人大的专门委员会,协助全国人大及其常委会行使宪法监督的职能;待积累了一定经验和时机成熟时,将其升格为与全国人大常委会平行的、独立的专司宪法监督职能的机构。①

(本文原载于《中国法学》2004年第3期)

---

① 具体的制度设计及其论证可参见焦洪昌、姚国建《宪法学案例教程》,知识产权出版社,2004,第20~28页。

第三编
法治国家与行政法治

第三编

公海自由与航行自由

中国行政法治发展进程回顾
——经验与教训

姜明安[*]

从1949年中华人民共和国成立到1999年的宪法修正案确立"实行依法治国,建设社会主义法治国家"的治国方略,从1954年《中华人民共和国宪法》颁布到2004年的宪法修正案确立"国家尊重和保障人权",以及《全面推进依法行政实施纲要》确立"建设法治政府"的目标,中国为选择和探索公权力的运作模式,选择和探索权与法的关系模式,整整花费了50年,付出了沉重和痛苦的代价,当然也获得了弥足珍贵的教训与经验。

1949年中华人民共和国成立,中国共产党取得了执政地位。党执政后,在如何行使公权力方面,有两条道路可以选择。第一条道路是,党和国家充分地、不受限制地运用手中掌握的公权力,凭借严密的计划和国家所有的资源,包括党所领导的人民,去实现党的预定目标:消灭剥削,消灭压迫,建设自立于世界民族之林的强盛的中国。第二条道路是,依法治国,以法规范和控制党与国家的权力,以人为本,而不是为发展而发展,为强国而强国,一切公权力的行使均受法律的约束,均以人民的幸福和安康为依归。

由于发展和强国心切,我们选择了第一条道路。原本设想,这条道路会是一条快速发展的道路:通过几年或十几年时间,彻底摧毁旧

---

[*] 姜明安,北京大学宪法与行政法研究中心主任、教授。

的上层建筑，废除旧的生产关系，建立起全新的上层建筑和生产关系，即推动生产力突飞猛进地发展，赶英超美。但是，结果却事与愿违，不仅没能使生产力实现突飞猛进的发展，反而使经济接近崩溃的边缘。于是，我们怀疑这是党外党内的资产阶级破坏所致，怀疑党外党内存在大批的阶级敌人，因此大搞阶级斗争，一切以阶级斗争为纲，于是，我们"反右""四清""文化大革命"……

我们选择第一条道路（即人治的道路）的初衷，也许是为人民谋幸福（而非好大喜功），但最终结果却给人民带来了那么大的苦难、灾难。这是为什么呢？当我们现在不得不走上第二条道路（即法治道路）的时候，不能不对第一次选择的错误加以回顾和总结：我们是怎么选择走上第一条道路的？第一道路为什么是错误的？为什么选择走第一条道路会导致与我们意愿完全相反的结果？

我们有必要简要回顾一下我国50年来从人治走向法治的过程，回顾一下中国行政法治发展的艰难历程，从中总结经验和教训。

一 选择法治还是人治，我们徘徊犹豫过，但最终还是选择了人治

我国不曾有过西方民主和西方法治式的行政法与行政法制度。旧中国国民政府实行的是专制和独裁，从未真正实行过西方式的"分权"和"法治"。它虽然颁布过大量的规定政府组织机构及其职权和活动的行政性法律文件，也曾建立过像行政诉愿、行政诉讼一类的行政法制度，[①]但这些行政法律文件和行政法制度的作用有限，而且因为没有与分权制约和法治相联系，所以它们并非现代民主意义上的行政法和行政法制度。

[①] 参见林莉红《行政诉讼法学》，武汉大学出版社，1999年，第2章"行政诉讼制度的历史发展"；曾宪义主编《中国法制史》，北京大学出版社，2000年，第12~14章"中华民国临时政府、北京政府、国民政府的法律制度"。

在我国，真正现代民主意义上的行政法的产生和形成经历了一个非常曲折的过程。在新中国成立以前，中国共产党在革命根据地的建设中曾制定过一些行政法律性文件，建立过某些行政法制度。例如，针对当时政府机构建设的"精兵简政"制度、针对军政工作人员的奖惩制度等。为了监督行政工作人员遵纪守法和保护人民群众免受某些行政工作人员违法乱纪行为的侵犯，各根据地还曾建立过各种行政法制监督制度，如人民群众的申诉、控告、检举制度等。[1] 但是，那时的任务是革命，是战争，而不是建设，革命和战争需要的是权威、服从和铁的纪律，而不是民主和法治。

新中国成立以后，我们在总结革命根据地经验的基础上，开始思考法治的可能性，开始创立初步的行政法和行政法制度。当时行政法的主要目的是提高政府工作效率，保证和促进政府实现其担负的组织、管理、指挥社会主义革命和社会主义建设的任务，同时也有防止行政机关及其工作人员违法乱纪、保障公民权利和合法利益的作用。为了实现这些目的并发挥其作用，行政法着重调整行政机构和工作人员的职、权、责，使职、权、责明确和统一。同时，行政法也规定了行政活动的某些程序和方法。为防止滥用权力、克服官僚主义和保护公民的合法权益，当时的行政法也规定了某些形式的行政法制监督制度，规定了受理和解决公民申诉、控告、检举的制度，规定劳动群众有权直接参与国家管理和对国家机关及其工作人员进行直接监督。[2]

从中华人民共和国成立到 20 世纪 50 年代中期，是中国行政法治开始成长和发展的时期，是我国行政法的初创阶段。

在这个时期，国家制定和颁布了大量的行政组织方面的法律法

---

[1] 参见曾宪义主编《中国法制史》，北京大学出版社，2000 年，第 15 章 "革命根据地新民主主义的法律制度"。
[2] 参见中央人民政府法制委员会编《中央人民政府法令汇编（1949－1954）》，该《汇编》共 5 卷，法律出版社，1955 年。

规，规定了各级国家行政机关的组织、职权、工作方式和责任。[①] 同时，国家还制定和颁布了大量的行政管理方面的法律、法规，规定了国家机关对经济、政治、文化等各方面事务以及人、财、物各个领域管理的权限及管理方式。1949年10月至1956年12月，国家共颁布行政管理方面的法律、法规829项。[②] 这个时期，国家还建立了行政监察制度和公民控告国家机关及其工作人员违法失职行为的制度。当时起临时宪法作用的《中华人民政治协商会议共同纲领》第19条规定："在县市以上的各级人民政府内，设人民监察机关，以监督各级国家机关和各种公务人员是否履行其职责，并纠举其中违法失职的机关和人员。人民和人民团体有权向人民监察机关或人民司法机关控告任何国家机关和任何公务人员的违法失职行为。"1954年颁布的第一部《中华人民共和国宪法》第97条规定："中华人民共和国公民对于任何违法失职的国家机关工作人员，有向各级国家机关提出书面控告或

---

① 在当时制定的各种行政组织法中，关于中央人民政府的有《中华人民共和国中央人民政府组织法》《中华人民共和国国务院组织法》，关于中央人民政府各工作部门的有国家计委、国家体委、监察部、劳动部等部委的组织条例以及国务院秘书处、法制局、人事局、专家局、计量局、机关事务局等直属机构或办公机构的组织简则；关于地方人民政府的有《大行政区人民政府委员会组织通则》《省人民政府组织通则》《市人民政府组织通则》《地方各级人民代表大会和地方各级人民政府组织法》等。

② 在这829项法律、法规中，有关机构、人事编制管理方面的法律、法规有52项；有关财政、金融、税收管理方面的法律、法规有98项；有关公安、民政、司法行政管理方面的法律、法规97项；有关经济建设管理方面的法律、法规有261项；有关教育、科学、文化、卫生管理方面的法律、法规有149项。例如，关于机构、人事编制管理方面的法律、法规有《中央人民政府政务院及其所属机关组织通则》《关于各省人民委员会设置工作部门和办公机构的决定》《中央人民政府任免国家机关工作人员暂行条例》《县级以上人民委员会任免国家机关工作人员条例》《国家机关工作人员退休处理暂行办法》等；关于财政、金融、税收管理方面的法规有《预算决算暂行条例》《货币管理实施办法》《中央金库条例》《全国税政实施要则》以及各种具体税收条例；关于公安、民政管理方面的法规有《治安保卫委员会组织条例》《保守国家机密暂行条例》《革命残废军人优抚暂行条例》《社会团体登记暂行办法》等；关于经济建设管理方面的法规有《公私合营工业企业暂行条例》《私营企业暂行条例》《基本建设管理暂行办法》《对外贸易管理暂行条例》《商标注册暂行条例》《商品检验暂行条例》等；关于教育、科学、文化、卫生管理方面的法规有《高等学校暂行规程》《保障发明权与专利权暂行条例》《管理书刊出版业、印刷业、发行业暂行条例》《电影新片颁发上演执照暂行办法》《医院诊所管理暂行条例》《传染病管理办法》等。

者口头控告的权利。由于国家机关工作人员侵犯公民权利而受到损失的人有取得赔偿的权利。"1949年9月27日第一届全国政协通过的《中华人民共和国中央人民政府组织法》规定政务院设人民监察委员会,人民监察委员会负责监察政府机关和公务人员是否履行其职责。1954年9月21日第一届全国人大通过的《中华人民共和国国务院组织法》规定,国务院设立监察部。监察部的任务是检查国务院各部门、地方各级国家行政机关、国营企业及其工作人员是否正确执行国务院的决议、命令;检查国务院各部门、地方各级国家行政机关、国营企业执行国民经济计划和国家预算中存在的重大问题,并对上述部门、机关、企业和公私合营企业、合作社的国家资财收支、使用、保管、核算情况进行监督;受理公民对违反纪律的国家行政机关、国营企业及其工作人员的控告和国家行政机关工作人员不服纪律处分的申诉,并审议国务院任命人员的纪律处分事项。从中华人民共和国成立到20世纪50年代中期,在行政法制监督方面,除了确定行政监察机关的监督以外,宪法和法律还规定了检察机关对行政机关及其工作人员的一般监督。[1]

上述情况说明,中华人民共和国成立以后较长一段时间内,当时的党和政府是准备探索走法治道路的,在公权力运作上比较重视行政法制制约:既制定各种行政组织法,为政府实施行政管理确定权限,规定责任;又颁布各种行政管理法规,为政府实施行政管理确定准则、规范、标准、程序;同时设立行政法制监督机构,对政府机关及其工作人员行使职权的行为进行监督,保障政府机关及其工作人员合法地、准确地和有效地行使职权,保障公民的合法权益不被政府机关及其工作人员的违法失职行为侵犯。当然,那个时期,执政者虽然对行政法制比较重视,并开始了行政法制的初步建设,但是他们对法治的

---

[1] 1954年的《人民检察院组织法》第3条规定:"最高人民检察院对于国务院所属各部门、地方各级国家机关、国家机关工作人员和公民是否遵守法律,行使检察权。"

认识并不是很深刻，并没有把它与民主政治密切地联系起来，因而当时所建立的行政法制并不是很完善，并没有完全解决民主的法律化和制度化的问题。当时虽然制定了各种行政组织法，但由于在政治体制上存在着党政不分的问题，在行政法上并不可能实行严格的权责统一原则和越权无效原则。当时虽然颁布了大量的行政管理法规，但由于在行政管理领域，领导人指示在传统习惯上占有最优地位和具有最佳效力，人治并不曾完全为法治所取代。当时虽然建立了对政府机关及其工作人员的监督制度，但是由于不承认权力制约原则和没有建立系统有效的监督机制。特别是在监督机制中缺少行政诉讼的环节，公民对政府机关及其工作人员的申诉、控告并非都能得到及时、公正的处理，公民因行政行为所受的损害并非都能得到适当的赔偿。公民尚不能到法院去控告政府机关的违法失职行为，使政府机关作为被告和公民一道接受法院对他们之间所发生争议的审理、裁决。

事实上，20世纪50年代初期和中期，党和政府虽然一直在探索法治道路，但是最高领导人在心理上还是更倾向于人治的。因此，在国际、国内出现某些所谓的"阶级斗争新动向"后，① 党和政府就完全放弃了对法治的探索而毅然决然地实行人治。

二 极端的人治导致了国家和人民的深重灾难，于是，我们开始反思：如何防止公权力滥用？

1957年至1978年的20多年间，是中国行政法制停滞和倒退的时期。其中在"文化大革命"10年，行政法制更是备受摧残和践踏。1957年开始"反右"，批判"法律至上"。对"法律至上"的批判在

---

① 当时国际国内出现的所谓"阶级斗争新动向"主要指苏联东欧社会主义阵营国家内的部分知识分子反对政府过分压制民主，要求一定程度自由而举行的抗议示威活动，如所谓的"匈牙利事件"，以及我国部分知识分子对党和政府中某些工作人员的官僚主义不满而通过报刊舆论等各种形式进行揭露和抨击的行为，当时被称为"资产阶级右派分子发动的猖狂进攻"。

某种意义上可以被认为是对民主与行政法制的否定。因为民主要求政府以体现和反映人民意志和利益的法律为其最高准则。人民既然是主人、政府既然是人民的政府，它就必须遵守和服从人民代表机关制定的法律。政府管理一切事务、解决任何问题，都必须以法律为依据。法律对于实行民主政治的政府，必须是"至上"的。即使是党的政策，也只有通过法定程序和以法律形式表现出来以后，才能在法律上获得"至上"的地位。一个民主国家，只有一个最高公权力机关，那就是全国人民代表大会，只有一种至上的行为规范，那就是法律，如果最高公权力机关不是人民代表机关而是个人，如果至上的普遍行为规范不是法律而是个人的指示，那么，国家的民主政体性质就会发生变化。

1957年以后，整个立法工作的速度放慢了，以致近乎完全停顿下来。① 当然，对于在这以前制定的有关法律、法规——无论是行政组织方面的法律、法规，还是行政管理活动方面的法律、法规，或者是行政法制监督、行政救济方面的法律、法规，国家并没有宣布废止。20世纪50年代初期和中期国家颁布的这些法律、法规在数量上应该说是不少的，即使其中有一部分因社会关系发生变化，已不能再适用和已自动失去效力，但是也还有相当一部分是继续适用和有效的。因此，1957年以后的一个时期，在行政领域尽管存在部分无法可依的问题，但不能说完全无法可依。当时与无法可依并行的另一个更严重的问题是有法不依。由于受轻视法律、否认法治的"左"的思想的影响，执政者在行使公权力过程中往往依言不依法，以领导人的指示而不是法律作为办事的依据，许多人甚至看领导人的眼色行事，凭猜测

---

① 20世纪50年代后期至"文化大革命"发生前一段时期，国家很少制定调整行政关系的各种法律、法规。但是，"很少"并不是没有。这个时期国家的立法工作，特别是行政机关规范性文件的制定工作，并没有中断，只是逐步不受重视，人治越来越取代本来就很不完善的法治。此种情况可参考《中华人民共和国法规汇编（1954－1963）》的出版情况，《汇编》共13本，开始一年一本，后来两年一本，1963年以后就没有了。

揣摩领导人的意向行事。这样，在行政领域，1957年以后，行政法制逐步被取消。在监督机制方面，首先是批判分权与制约，宣传过分的集中与统一；其次是批判检察机关的一般监督，取消检察机关对行政机关及其工作人员行政行为合法性的监督；再次是撤销监察部，取消监察机关对整个行政活动合法性、合理性以及对所有行政工作人员遵守法律和政纪情况的监督。

对行政法制最严重的破坏和践踏是历经10年的"文化大革命"。在这个时期，不仅行政法制，整个国家法制都遭到空前的、毁灭性的破坏，宪法被实际废除，公民的权利、自由毫无保障；刑法无"法"可言，罪名可以随意设定，刑罚可以任意科加；民法变得毫无作用，企业财产可以无偿调拨，个人财产可以任意查抄罚没，商品经济、按劳分配作为"资产阶级法权"被限制或取消，"大锅饭"不需要民法。至于行政法，其在"文化大革命"中事实上已完全没有了存在的余地。因为行政法主要是调整政府和公民之间关系的，而当时由人民代表机关产生的人民政府已被取消（在中央，国务院虽然保存，但"中央文革"攫取了中央政府的许多职能），取而代之的"革命委员会"并非由人民代表机关产生，也并非由人民授权管理国家事务，它们的权力并不是人民所赋予的，自然它们也就不可能愿意受人民的监督和制约，其行为不可能遵守和服从反映和体现人民意志和利益的法律。"革命委员会"不是民主的产物，是与行政法制不相容的，这一点决定了行政法制在"文化大革命"中的厄运。

1957～1978年的20多年间，可以说是行政法制被摧残、践踏的年代，但是这20多年尚可以分为若干时期，各个时期的情况有所不同。例如，1957年至1961年是行政法制首先遭到冲击和被否定的时期，但这个时期仍有部分法律制度在运行。某些行政法制甚至仍在创立。例如，1957年6月人大常委会颁布了《中华人民共和国监察条例》，10月颁布了《中华人民共和国治安管理处罚条例》《关于国家行政机关工作人员的奖惩暂行规定》等，11月批准颁布了《消防监督条例》。这些法规都是调整行政管理的重要法规，尽管在颁布以后，由于"左"的思想和路线的进一步发展，它们并没有得到严格的执行。而到1958年，由于"大跃进"的全面展开，行政法制在各个实际领域受到全面冲击，大量的行政法律、法规，因不适应"大跃进"的需要而被实际废止。1962年至1965年是第二个时期。这个时期由于政治上对"左"的路线有所批判和纠正（当然并非全面的批判和纠正），经济上对国民经济进行调整，行政法制有所恢复。1966年至1976年10月是第三个时期。这个时期的初期（1966年至1970年），行政法制遭到"文化大革命"疾风暴雨般的摧毁和破坏，民主和法制遭到践踏，行政法制建设处于一片萧条的状况。1976年10月以后到1978年是第四个时期。这个时期，"四人帮"虽然被打倒了，"文化大革命"虽然结束了，但是"左"的路线并没有完全结束，"两个凡是"束缚了人们的思想，行政领域仍然盛行着"长官意志"，行政法制仍然被冷落、被忽视。

"反右"和"文化大革命"完全背离法治而走向了极端人治的道路，它给国家和人民带来的灾难是无比深重的。因此，在"文化大革命"结束以后，甚至还在"文化大革命"过程中，许多人即开始思考：我们选择的道路和路线是不是错了？人治也许能够创造一时的速度和效率，但它不可避免地会导致公权力滥用，导致对千百万人权利和自由的损害，代价太大了。事实上，人治也不可能创造长久的速度和效率，"文化大革命"后期我国国民经济陷入崩溃的边缘就是明证。

三 重建法制，从健全和完善法制出发，逐步从人治走向法治，从法制走向法治

自1978年中国共产党十一届三中全会至1989年《中华人民共和国行政诉讼法》通过，是中国行政法制重建和中国逐步从法制走向法

治的时期。

党的十一届三中全会第一次把民主和法制提到了重要的地位，会议《公报》指出："为了保障人民民主，必须加强社会主义法制，使民主制度化，使这种制度和法律具有稳定性、连续性和极大的权威，做到有法可依、有法必依、执法必严、违法必究……要忠实于法律和制度，忠实于人民利益，忠实于事实真相；要保证人民在自己的法律面前人人平等，不允许任何人有超于法律之上的特权。"这一段话是我们在民主和法治方面，对过去几十年经验、教训，特别是10年"文化大革命"教训的最深刻的总结。它标志着我们对公权力的性质和如何执掌公权力的全新认识，标志着我们对人治道路和法治道路的重新选择。

1978年至1989年，中国为重建和发展行政法制做了一系列工作。其中最主要的有下述5项。

(一) 恢复原有法制，解决行政领域无法可依的问题

1979年，全国人大常委会做出决议，确定从中华人民共和国成立以来国家制定的法律、法令，凡不与现行宪法、法律、法令相抵触者均继续有效。这样就恢复了一大批法律、法令，包括调整行政社会关系的法律、法令的效力，部分地解决了行政领域无法可依的问题，为重建行政法制做了第一步较容易做但有较大效益和作用的工作。

重建行政法制较为困难的工作是需要制定一系列适应新的形势和情况的调整行政社会关系的新的法律、法规，建立各种有关的行政管理制度，使行政管理逐步走向法制化的道路。

20世纪80年代初这方面的工作做了不少。首先，第五届全国人大第二次会议通过《地方组织法》，[①] 将地方各级革命委员会改为地方各级人民政府，详细规定了地方各级人民政府的组织、职权和工作方式，之后，第五届全国人大第五次会议又通过《国务院组织法》，将

---

① 《中华人民共和国地方各级人民代表大会和地方各级人民政府组织法》的简称。余同。

国务院的组织和活动重新纳入法制的轨道。其次，这个时期颁布了大量的行政管理方面的法律、法规，① 解决有法可依的问题，为行政机关依法办事提供了前提条件。

（二）制定"八二宪法"，确定行政法制的宗旨和发展方向

1978年至1989年这个时期，行政法制发展中最具有重大意义的事件是"八二宪法"的颁布，"八二宪法"不仅重新恢复和确认了20世纪50年代初、中期创建而在这之后相当长一个时期内中断了的行政法制，而且将之向前大大发展了一步。这主要表现在下述5个方面。①重新确认和发展了作为行政法制基础的人民主权原则。宪法明确规定，国家的一切权力属于人民，行政机关由人民代表机关产生，对人民和人民代表机关负责，受人民和人民代表机关监督，人民可依法通过各种途径和形式直接管理国家事务，管理经济和文化事务，管理社会事务。②重新确认和发展了以"法律至上"为核心的行政法治原则：一切国家机关必须遵守宪法和法律，任何国家机关的行为必须符合宪法和法律，对一切违反宪法和法律的行为必须予以追究；任何国家机关和公职人员都不得有超越宪法和法律的特权。③重新确认和发展了一定的职权划分与制约原则：政府成员不得担任人大常委会委员和兼任审判机关与检察机关的职务；行政机关不得干涉人民法院独立行使审判权和人民检察院独立行使检察权；人大常委会监督政府的工作，有权撤销政府制定的同宪法法律相抵触的行政法规、规章、决定和命令；人民检察院是国家的法律监督机关，有权对行政机关及其工作人员遵守宪法和法律实行监督。④重新规定了工作责任制和效率原则：一切国家机关实行工作责任制，精简机构，对工作人员实行培训

---

① 如《中华人民共和国文物保护法》《中华人民共和国食品卫生法（试行）》《中华人民共和国学位条例》《中华人民共和国律师暂行条例》《中华人民共和国逮捕拘留条例》《关于劳动教养问题的补充规定》《中华人民共和国商标法》《中华人民共和国森林法（试行）》《国家建设征用土地条例》《中华人民共和国环境保护法（试行）》《中华人民共和国海洋环境保护法》等。

和考核制度，不断提高工作质量和工作效率，反对官僚主义。⑤重新确定了国务院和地方各级人民政府的性质、地位，规定了中央和地方各级人民政府的基本职权。

（三）改革政府机构，转变政府职能

长期以来，我国不重视行政法制，在政府机构设置和人员编制上以人治代替法治，结果导致机构臃肿，人浮于事，职责不清，机构之间、工作人员之间互相推诿、互相扯皮、工作效率极其低下。到20世纪80年代初，这种情况已经发展到"不能容忍"的地步。为了改变这种状况，使政府机构适应现代化建设的需要，1982年3月，第五届全国人大常委会第二十二次会议通过决议，决定对国务院和地方各级人民政府的机构进行全面改革。这次改革用了两年多时间，取得了一定的成效，特别是在领导班子年轻化、知识化方面取得了较明显的进展，但是在精简机构方面取得的成效却有限。1988年3月第七届全国人大第一次会议通过决议，决定对政府机构进行新的全面性的改革。这次改革的目标是：根据党政分开、政企分开和精简、统一、效能的原则，逐步建立具有中国特色的功能齐全、结构合理、运转协调、灵活高效的行政管理体系。这次改革主要着眼于转变政府职能，按照加强宏观管理和减少直接控制的原则，重新确定政府机构的职能，确定每一个机构的职责范围，做到定职能、定机构、定人员。这次改革虽然取得了较大成效，但也没有从根本上解决问题：一些机构在做出了一定精简后，不久即重新膨胀，恢复到改革前的状态，甚至更甚于前。造成这种状况的原因主要有两条：其一是没有严格的行政法制保障，没有以法律严格规定政府的组织和编制，以及违反编制规定、滥设机构、滥增人员的责任；其二是市场经济体制尚未建立，政府仍然什么都管，什么都干预，结果只能是精简—膨胀，再精简—再膨胀。

（四）规范行政法规和规章的制定，健全行政立法制度

在"八二宪法"颁布以前，尽管行政机关从未停止过发布各种调

整行政社会关系的规范性文件，但我国一直未明确行政立法的法律地位。1982年现行宪法正式确认行政立法，规定国务院有权制定行政法规，国务院各部委有权制定规章。以后《地方组织法》又规定省、直辖市、自治区人民政府，省、自治区人民政府所在地的市和经国务院批准的较大的市的人民政府也有权制定规章。行政法规和规章是法律的具体化和补充。在现代社会，科技进步、经济发展、人们社会活动的频率加快，社会关系较以往大为复杂，光靠议会制定法律已远远适应不了调整现代社会、经济、政治、文化生活的需要。因此，行政立法是现代法治的必然要求。当然，现代法治不仅要求确立行政立法的法律地位，而且要求以法律规范行政立法，保障人民主权和法制的统一，保障行政立法符合宪法和法律，保障广大社会公众参与行政立法。正因为如此，我国现行宪法和组织法规定，全国人大常委会有权撤销国务院制定的同宪法和法律相抵触的行政法规，地方人大常委会有权撤销本级人民政府制定的不适当的决定和命令（含规章）。国务院于1987年4月专门颁布了《行政法规制定程序暂行条例》，各省市也于其后相继颁布了有关制定地方规章的程序规定，使整个行政立法逐步规范化。

（五）拓宽行政争议解决途径，完善行政解纷机制

传统上，我们解决行政管理领域的争议和纠纷，通常都由行政机关依一般行政程序单方决定或由行政机关对争议双方进行调解，由双方在互让互谅的基础上达成解决争议的协议。这种解决问题的方法虽然程序简便，易于执行（行政决定可强制执行，调解协议则多自愿执行），但它们在很多时候会背离法治和公正的要求。进入20世纪80年代以后，根据法治和公正的要求，我国开始拓宽行政争议解决途径，完善行政解纷机制。例如，1982年全国人大常委会通过的《中华人民共和国商标法》规定，国务院工商行政管理部门设立商标评审委员会负责处理商标争议事宜；1984年全国人大常委会通过的《中华人民共和国专利法》规定，国家专利局设立专利复审委员会，负责处理专利争议事宜；1987年，国务院发布的《国营企业劳动争议处理暂行规定》规定，劳动行政管理机关设立劳动争议仲裁委员会，在其职权范围内处理因履行劳动合同而发生的争议案件和因开除、除名、辞退违纪职工而发生的争议案件。上述法律、法规规定的行政裁判机构或行政仲裁机构均是设在行政机关系统内专门处理特定争议案件的机构，它们处理争议案件的依据不是一般的行政程序，而是一定的准司法程序，如申请、答辩、调查、取证、当事人陈述、对质、辩论等，裁决必须严格根据法律和事实做出，若当事人不服裁决，在法律有规定的情况下，还可向人民法院提起诉讼。当然，目前我国行政解纷机制尚不完善，行政裁决程序还不规范。这些有待现在正制定的《行政程序法》加以具体规定。

四 建设责任政府、有限政府、诚信政府、透明政府、为民和便民政府，"法治政府工程"全面启动和施工

1990年至2005年的15年间，是中国"法治政府工程"全面启动和进入系统施工的时期。这一时期，中国行政法开始由原来主要适应计划经济的模式向适应市场经济的模式转化，由过去主要执行"管理"职能的模式开始向既具"管理"职能，更具"规范和控权"职能的模式转化。由推进建设威权政府、万能政府、政策主导政府、保密政府、秩序本位政府的模式向推进建设责任政府、有限政府、诚信政府、透明政府、为民和便民政府的模式转化。我国行政法模式自20世纪90年代开始的这种发展和转化主要体现在下述5个方面。

（一）确立依法行政原则和建设法治政府的目标

在我国，正式确立依法办事、依法行政原则是在20世纪90年代《行政诉讼法》通过和实施以后。[①]《行政诉讼法》第1条规定，行政

[①] 尽管在1984年，全国人大常委委员长彭真即提出了国家管理"要从依政策办事逐步过渡到不仅依靠政策，还要建立、健全法制，依法办事"的原则（彭真：《在首都新闻界人士座谈会上的讲话》，《人民日报》1984年4月8日），但是，当时在实践中，依法行政原则尚未真正确立，在行政管理的许多领域，行政机关仍然是依政策办事而非依法办事。

诉讼的基本目的之一即在于维护和监督行政机关依法行使职权。1993年，第八届全国人大第一次会议通过的《政府工作报告》（以下简称《报告》）正式以政府文件的形式确定了依法行政的原则。《报告》明确提出："各级政府都要依法行政，严格依法办事。一切公职人员都要带头学法懂法，做执法守法的模范。"[①] 1996 年第八届全国人大第四次会议通过的《关于国民经济和社会发展"九五"计划和 2010 年远景目标纲要及关于（纲要）报告的决议》更进一步将依法行政、依法治国、建立法治国家作为国家的治国方针。《报告》指出："要坚持和实行依法治国，积极推进社会主义法制建设的进程，加强立法，严格执法，不断提高广大干部和群众的法律意识和法制观念，努力建设社会主义法治国家。"[②] 自此，依法行政原则在我国逐步形成并最终正式确立。与此相适应，我国行政管理各个领域、各个方面的法律、法规也逐步健全、完善，仅全国人大及其常委会在这个时期即通过了 200 多件法律，其中绝大多数涉及行政管理。[③] 正是在行政管理领域初步和基本解决了有法可依的问题以后，中央人民政府于 2004 年提出了全面建设法治政府的总目标以及行政法治所要求的政府定位、行政立法、行政执法、行政决策、解纷机制、监督机制和法治观念 7 个方面的具体目标。[④]

（二）制定《行政诉讼法》和《国家赔偿法》，建设责任政府

责任政府主要包括两个方面的内容：一是政府向人民和人民代表机关负责，政府要定期和不定期地向人民和人民代表机关报告工作，

---

① 李鹏：《政府工作报告》，见《中华人民共和国全国人民代表大会常务委员会公报》，1993 年第 2 号，第 20 页。
② 参见《中华人民共和国全国人民代表大会常务委员会公报》，1996 年第 2 号，第 8 页。
③ 如《土地管理法》《税收征收管理法》《城市房地产管理法》《道路交通安全法》《食品卫生法》《产品质量法》《公路法》《反不正当竞争法》《消费者权益保护法》《居民身份证法》《教育法》《人民银行法》《建筑法》《广告法》《审计法》《银行业监督管理法》《律师法》《警察法》等。
④ 参见国务院 2004 年发布的《全面推进依法行政实施纲要》。

人民和人民代表机关如果对政府的工作不满意，政府如果得不到人民和人民代表机关的信任，政府就应该辞职，人民和人民代表机关就可以选举产生新的政府，这是宪治的要求；二是政府向法律负责，政府应该依法行政，政府如果违法行使职权，侵犯行政相对人的权益，相对人可以提起行政诉讼，请求法院撤销政府的行为和责令政府赔偿其损失，这是行政法治的要求。

中国法制史有几千年，诉讼制度也有差不多同样长久的历史。但中国法制史主要是刑法史和刑事诉讼史。民法和民事诉讼在中国法制史中位置很低，行政法和行政诉讼则几乎没有地位。就"民告官"的行政诉讼而言，历代的法律虽然没有禁止"民告官"，但法律的运作实际上只允许"官告民"，而不允许"民告官"。不仅不允许民告官府，民告官员个人实际上也是非常困难的。我国在 20 世纪 40 年代末建立新的政权后，宪法虽然规定民可告官[①]，但直到 80 年代以前并没有建立真正规范化的"民告官"制度（行政诉讼制度）。法律的实际运作仍然是只允许"官告民"，而不允许"民告官"。直到 1989 年，七届全国人大二次会议通过《行政诉讼法》，正式确定"民告官"的行政诉讼制度。[②] 该法于 1990 年 10 月 1 日起施行，到现在已有 15 年时间。这 15 年的运作虽然并不顺利，其实施曾有过而且现在仍然有各种各样的障碍和困难，但是这个制度毕竟生存了下来，并且每年都在发展。[③]

[①] 1954 年宪法第 97 条和 1975 年宪法第 27 条规定："中华人民共和国公民对于任何违法失职的国家机关工作人员，有向各级国家机关提出书面控告或者口头控告的权利。"1978 年宪法也有类似规定，这些规定所确立的"民告官"仍还只是告官员个人。1982 年宪法第 41 条规定："中华人民共和国公民……对于任何国家机关和国家工作人员的违法失职行为，有向有关国家机关提出申诉、控告或者检举的权利。"这里确立的"民告官"，则不仅包括告官员个人，而且包括告官府，从而为建立行政诉讼制度提供了宪法依据。

[②] 此前，1982 年，第五届全国人大常委会第二十二次会议通过的《民事诉讼法（试行）》第一次规定人民法院可以按照民事诉讼程序，审理法律规定的行政案件（即民告官案件）。

[③] 这可以从人民法院受理行政案件数每年上升的情况得到说明：1990 年，13006 件；1991 年，25667 件；1992 年，27911 件；1993 年，34567 件；1994 年，27958 件；1995 年，51370 件；1996 年，79959 件；1997 年，88000 件；1998 年至 2002 年，5 年共 464689 件，平均每年 92938 件；2003 年，114896 件；2004 年，92290 件。

对于行政法治层面的责任政府，除了要求建立"民告官"的行政诉讼制度外，另一项重要要求就是建立行政侵权责任赔偿制度。自20世纪50年代以来，我国对于因政府违法或不当行为侵害而受到人身或财产损害的公民一直实行一种政策性补偿制度。虽然这种制度在不同的历史时期对受害人也起到了积极的救济作用，但是其不足之处在于政策变化多、弹性大、标准不一，从而实行起来有失公正，导致很多应该得到救济的受害人得不到救济，同样的受害人有的能得到多种且较丰厚的救济，有的却只能得到很微薄的救济或根本得不到救济。由于没有统一的救济标准，这种制度还可能导致执行政策的机关和工作人员的腐败。由于存在这些弊端，更由于90年代以来市场经济体制和"民告官"制度的推动，通过立法规范国家侵权责任、建立国家赔偿制度的呼声越来越高。正是在这种背景下，第八届全国人大常委会第七次会议于1994年通过了《国家赔偿法》。[①] 该法同时规定了行政赔偿和刑事赔偿（即冤狱赔偿）两种国家赔偿。根据该法，公民不仅可以对行政机关及其工作人员的行政侵权行为所造成的损害请求国家赔偿，而且可以对司法机关及其工作人员在行使侦查、检察、审判、监狱管理职权时实施侵权行为所造成的损害请求国家赔偿。国家赔偿制度的建立是我国在人权保障方面的一个重大进步，无疑体现了现代法治的精神。

（三）制定《行政处罚法》和《行政许可法》，建设有限政府和"三公"政府

有限政府和"三公"（公开、公正、公平）政府是法治政府的基本构成要件。有限政府是指政府职能有限（主要限于经济调节、市场

[①] 《国家赔偿法》于1995年1月1日起正式施行，法院当年即受理国家赔偿案件197件，审结154件，其中决定赔偿的64件。1998年至2002年，5年办理国家赔偿案件11321件，其中决定赔偿4013件，平均每年办理2264件，决定赔偿803件。

监管、社会管理和公共服务），权力有限（主要限于制定规则和实施监督管理），政府不能无所不能、无所不为，要坚持政企分开、政事分开，理顺政府与市场、政府与社会的关系。第十届全国人大常委会第四次会议通过的《行政许可法》即最明确、最直接地体现了"有限政府"的原则：该法第12条规定了国家许可规制的范围，政府不能在此范围之外实施许可规制。而且，即使是属于国家许可规制范围之内的事项，该法第13条还规定，对于其中行政相对人能够自主决定的、市场竞争机制能够有效调节的、待业组织或中介组织能够自律管理的、行政机关采用事后监督等其他行政管理方式能够解决的，法律也可以排除政府的许可规制。

"三公"政府是指政府行使法定职能要遵循正当法律程序，即保证实体和程序正义的公开、公正、公平的程序。我国自20世纪80年代以后，开始注重对政府权力的控制和制约，建立了各种相应的监督制度，形成了较为严密的监督体系和机制。但当时这种监督和制约往往只及于权力行使之前或权力行使之后，权力行使之前是通过法律确定行政机关权力的界限，使其不得无限行使权力；权力行使之后是通过各种监督途径追究行政机关及其工作人员违法行使权力的法律责任。但法律恰恰忽略了对行政权行使过程的规范，忽略了从程序上对行政行为的制约。现代社会，法律往往不得不赋予行政权较大的自由裁量空间，人们很难在实体上对其进行严密的规范。因此，在现代社会，程序控制是保障行政权合法、正确行使，防止其滥用和侵犯公民权利及自由的必不可少的条件。20世纪90年代以后，我们开始认识到正当法律程序对于控制政府权力，建设有限政府、"三公"政府和廉洁政府的重要意义，从而开始注重行政程序立法。我国行政程序最典型的立法是1996年3月第八届全国人大第四次会议通过的《行政处罚法》和2003年8月第十届全国人大常委会第四次会议通过的《行政许可法》。这两部法律较好地解决了对行政行为的程序制约问题，较好地体现了现代民主、法治的精神和原则，其规定了各项行政程序制度，如出示身份证件、表明身份制度，告知制度，说明理由制度，调查和收集证据制度，听取当事人陈述和申辩制度，送达行政决定书、告知当事人救济权利及救济途径的制度，时效制度以及听证制度，等等。特别是听证制度，对于保障行政行为公正、合理地进行，防止行政执法人员滥用权力，保护公民、法人或其他组织的合法权益具有特别重要的意义。《行政处罚法》和《行政许可法》为我国行政程序立法积累了很好的经验，目前，我国立法机关准备在这两部法律和其他规定行政行为程序的有关单行法律的基础上，制定统一的行政程序法，[①] 以规范整个行政机关的行政行为，使体现现代民主、法治精神的公开、公正、公平原则贯穿在整个行政的运作过程中。

（四）制定《行政监察法》和《公务员法》，确立制约与激励机制，建设廉洁政府

现代法治既要求权力制约与监督，也要求激励。在现代社会，行政法治如果不同时确立制约与激励双重机制，就不可能建设高效政府和廉洁政府，滥权、腐败、官僚主义和效率低下就不可避免。

孟德斯鸠指出："一切有权力的人都容易滥用权力，这是万古不易的一条经验。"因此，必须"以权力制约权力"，否则"公民生命、自由必然要成为滥用权力的牺牲品"。[②] 我国从"文化大革命"的教训中已深刻认识到对政府权力加以监督和制约的必要性。因此，20 世纪 80 年代初期通过的宪法，加强了各级国家权力机关对政府的监督力度，如规定全国人大有权罢免国务院总理、副总理，国务委员，各部部长，各委员会主任、审计长、秘书长；全国人大常委会有权撤销国

[①] 进入 21 世纪以后，行政法学界即开始草拟《行政程序法（试拟稿）》，主要由专家、学者组成的行政立法研究组拟就的《行政程序法（试拟稿）》已于 2004 年底提交国家立法机关。

[②] 参见〔法〕孟德斯鸠《论法的精神》，张雁深译，商务印书馆，1997，第 154~156 页。

务院制定的同宪法、法律相抵触的行政法规、决定和命令；全国人大和全国人大常委会有权组织特定问题的调查委员会，对特定问题进行调查；全国人大代表在全国人大开会期间，全国人大常务委员在开会期间，有权依法定程序对国务院或国务院各部、委提出质询，等等。①其次，也是非常重要的一项措施，即是建立和完善行政监察制度。1990年，国务院发布《行政监察条例》，1997年，第八届全国人大常委会第二十五次会议又通过《行政监察法》，即将"条例"上升为"法"，从而确立了我国相对稳定和较为规范的，且有中国特色的行政监察制度：行政监察机关设于行政系统之内，便于监察机关了解行政系统内部的规章、制度、政策，熟悉和掌握监察对象的情况，从而有利于提高监督的效率；行政监察机关享有检查权、调查权、建议权、行政处分权和行政处理权等较广泛的监督权；与此同时，行政监察机关行使监察职权要受严格的程序制约，监察机关和监察人员实施监察行为违反法定程序要承担相应的法律责任。在我国行政法治监督中，除了行政监察机关的监督外，国家审计机关的监督也具有重要的地位。1994年第八届全国人大常委会第九次会议通过《审计法》，规定国家实行审计制度，由国家审计机关对国务院各部门和地方各级人民政府及其各部门的财政收支以及国有的金融机构和企业事业组织的财务收支进行审计监督。对于被审计单位，审计机关享有检查权、调查权、要求其做出某种行为或不做出某种行为权（如要求提供有关文件、账册、材料或要求停止违法收支，制止严重损失浪费等），以及一定的行政处罚权（如没收非法所得、处以罚款、扣缴款项、停止银行贷款等）。

监察监督和审计监督制度所体现的主要是制约原则，在行政法治机制中，同时体现制约和激励原则的较典型的制度是公务员制度。我国在对公职人员的人事管理上，过去长期实行与计划经济体制相适应

---

① 参见《中华人民共和国宪法》第63、67、71、73条。

的"干部制度"。① 这种"干部制度"具有强烈的"人治"色彩：一个人能否进入公职机关任职，以及到何机关任何职，完全取决于组织的分配，组织让干什么就干什么，没有个人的选择，也没有竞争。一个人在公职机关工作，当上"干部"以后，其晋升、提拔或调动工作也完全取决于组织（主要是组织的负责人），取决于国家的需要，个人的学识、才能和志趣都是次要的考虑因素。这种制度虽然在新政权建设的早期起过一定的积极作用，但长此以往，整个公职人员队伍的生机、活力被掩埋，导致政府运转不灵、效率低下。特别是当计划经济体制向市场经济体制转轨时，原"干部制度"的各种弊端更充分地暴露出来，以至于若不改革旧人事管理制度，新经济体制就难以正常运作。正是在这种情况下，国务院于1993年发布了《国家公务员暂行条例》，并于2005年由第十届全国人大常委会第十五次会议上升为法律，即《公务员法》，从而在我国正式建立起公务员制度。这一制度所确立的具体制度主要包括以下几点。①录用制度。公职系统录用担任主任科员以下及其他相当职务层次的非领导职务公务员时，采用公开考试、严格考察、平等竞争、择优录取的办法。②考核制度。对公务员的考核，按照管理权限，全面考核公务员的德、能、勤、绩、廉，重点考核工作实绩；考核确定四个等次，作为其晋升职务、级别和工资的依据。③奖惩制度。公职机关根据公务员的表现，对工作表现突出，有显著成绩和贡献，或者有其他突出事迹的公务员或公务员集体予以奖励；对违法违纪，应当承担纪律责任的公务员给予处分；作为领导成员的公务员，因失误、失职造成重大损失或恶劣社会影响的，或对重大事故负有领导责任的，应引咎辞职。④职务升降制度。公务

---

① 在我国，"干部"这个词没有确切的含义。有时指所有国家工作人员，有时则仅指一定行政级别（原行政24级以上）的国家工作人员，更多的时候指担负一定职责、职务的各类人员，如企业干部、社团干部、原农村的生产队和生产大队干部、学校的学生干部等。"干部制度"也有广义、狭义之分，狭义仅指对一定行政级别以上国家工作人员的管理制度，广义则指对所有国家工作人员，甚至所有担任社会职务的人员的管理制度。

员晋升领导职务，要经过民主推荐、组织考察、主管机关讨论决定；公职机关选拔人才还可以采取竞争上岗、面向社会公开选拔的方式；公务员经考核不称职的，应降职使用。⑤交流制度。对于担任领导职务和某些工作性质特殊的非领导职务的公务员，实行交流与职位轮换制度。⑥回避制度。公务员之间有某种法定亲属关系的，不得在同一机关担任双方直接隶属于同一领导人员的职务或有直接上下级领导关系的职务，也不得在其中一方担任领导职务的机关从事组织、人事、纪检、监察、审计和财务工作；公务员担任乡级机关、县级机关及其有关部门主要领导职务的，应当实行地域回避；公务员执行公务时，涉及本人或某种法定亲属关系人员的利害关系的，必须回避。

（五）确立信赖保护原则和以人为本原则，建设诚信政府和为民、便民政府

信赖保护原则和以人为本原则是行政法治的重要原则。但是，长期以来，这两个原则一直不为我国行政法学界所重视，在我国行政管理实践中，背离这两项原则的现象非常普遍。例如，政府行为经常反复无常，往往给行政相对人造成重大的，有时甚至是倾家荡产的损失。如个别政府与相对人签订 BOT 合同，约定其贷款修路建桥，允诺路桥修好后其可建收费站收费 30 年，但 3 年不到，政府就以收费站影响交通顺畅为由，责令相对人拆除，从而使相对人破产或背上几十年也还不清的债务。又如，政府行为手续烦琐，且各政府部门之间互相推诿、互相扯皮，相对人找政府部门办一件事，往往要跑几十个"衙门"，盖几十个图章，花上一年半载的时间，还不说要忍受每个"衙门"的门难进，脸难看，话难听。

近两年来，我国行政法学界和国家立法机关终于开始重视信赖保护原则和以人为本原则，不仅学者在各种行政法著述中开始详细阐述这两项原则的具体内涵和适用范围，而且国家相应法律法规明确规定了这两项原则的内容和具体要求。例如，第十届全国人大常委会第四次会议通过的《行政许可法》第 8 条规定："公民、法人或者其他组织依法取得的行政许可受法律保护，行政机关不得擅自改变已经生效的行政许可。行政许可所依据的法律、法规、规章修改或者废止，或者准予行政许可所依据的客观情况发生重大变化的，为了公共利益的需要，行政机关可以依法变更或者撤回已经生效的行政许可。由此给公民、法人或者其他组织造成财产损失的，行政机关应当依法给予补偿。"这一规定即是对信赖保护原则的明确宣示，对于建设诚信政府具有极为重要的意义。又如，《行政许可法》第 6 条规定："实施行政许可，应当遵循便民的原则，提高办事效率，提供优质服务。"为此，该法还规定了一系列便民制度，如"一站式服务"（第 25、26 条）、"一个窗口对外"（第 26 条）、"政府超市"（第 26 条）、"一次告知"（第 32 条）、期限制度（第 42～45 条）、听证制度（第 46～48 条）等。这些规定无疑都体现了以人为本的原则，对于建设为民和便民政府具有极为重要的意义。

自《行政诉讼法》颁布到《行政许可法》施行，这 15 年时间，中国行政法治确实取得了突飞猛进的进展，不仅进一步推进了我国行政管理自 20 世纪 80 年代开始的由人治向法治转化的进程，而且又启动了作为新世纪政治文明标志之一的由传统法治向现代法治转化的进程，尽管这一进程刚刚开始，我们还有很长的路要走，比如，我们的《行政程序法》《政务信息公开法》等重要法律还没有制定，我们的行政管理体制改革的整体方案还未完全拟就，我们广大公职人员的传统观念还未完全转变……但是，我们毕竟积累了 50 年的经验教训，完成了一个伟大的选择：走法治之路，用法律规范和控制公权力的运作，建设法治政府。而且，我们已经上路了。

（本文原载于《政法论坛》2005 年第 5 期）

紧急状态与行政法治

江必新[*]

美国政治家、思想家汉密尔顿曾经说过，"意外事件有时会在一切社会里产生，无论这些社会是怎样组成的"，"不幸是同国家分不开的弊病，就像肿瘤和斑疹是同人体分不开的疾病一样"。[①] 汉密尔顿生动地说明了人类紧急状态的不可避免性。而历史经验告诉我们，紧急状态来临时，往往是法治原则受到挑战之时，也是公民基本权利受到严重威胁之日。法治对紧急状态是否必须"高抬贵手"？紧急状态是否可以游离于法治之外？在紧急状态下是否可以允许政府为所欲为？这些问题在专制时代几乎大都得到了肯定回答，或者至少是承认或默认无法无天的事实。但在现代民主法治国家，这些问题大都得到了否定回答。如何在控制局面和依法办事之间做到两全其美，在最快、最有效地消除紧急状态与最大可能或最大限度地保护公民基本权利之间保持适度的平衡，既是衡量一个国家真正实现法治的试金石，也是衡量一个政府具有高超的治理水平的检测器。

一 紧急状态与紧急行政权的必要性

在任何时代、任何国家，紧急状态都是难以避免的。这不仅仅是由人类对自然界认识的局限性和有限性所决定的，也是由人类自身的

---

* 江必新，最高人民法院党组副书记、副院长，审判委员会委员。
① 转引自杨海坤《非典，让我们正视行政紧急权力》，《法制日报》2003年5月8日。

不完善性所决定的。

对紧急状态有不同的称谓，诸如"紧急事件""紧急情况""非常状态""特别状态""非常情况""非常局势""危险事态""危险情况""防御状态"等。紧急状态的具体表现形式有战争（内战或外敌入侵）、叛乱、政治骚乱、经济危机、严重自然灾害（地震、台风、洪水、泥石流、火灾等）、重大事故灾害（瓦斯爆炸、核泄漏等）、严重传染病流行、大规模的动植物病虫害袭击、重大刑事犯罪等。各国对紧急状态的界定并不完全相同。大体说来有广义和狭义之分：广义的紧急状态是指具有一定危险性的非正常的社会状态，包括战争、叛乱、政治骚乱、经济危机、严重自然灾害、重大事故灾害、严重传染病流行以及重大刑事犯罪等所有使社会正常生活受到威胁或使法律实施受到严重阻碍的状况；狭义的紧急状态通常指通过国家行政权即可加以控制的危险事态，在某些国家专指某些特定的情形。本文在广义上使用这一概念。

紧急状态可以从不同角度进行分类。从紧急状态所影响的范围和程度看，紧急状态可分为内部与外部的紧急状态，个别紧急状态与公共紧急状态，中央紧急状态与地方紧急状态，局部紧急状态、全国紧急状态与国际紧急状态。从紧急状态所产生的原因看，紧急状态可分为国内原因紧急状态、国际原因紧急状态，人为原因紧急状态、自然原因紧急状态与复合原因紧急状态，违法犯罪引起的紧急状态与意外事件引起的紧急状态；从紧急状态的危害后果看，紧急状态可分为危害生命健康安全的紧急状态、危害财产安全的紧急状态与复合紧急状态，损害个人利益的紧急状态、损害国家或公共利益的紧急状态；从紧急状态的危险程度看，紧急状态可分为一般危险紧急状态、特殊紧急状态与战争状态。

紧急状态的发生，使人类的生命健康和财产面临严重威胁，使正常的社会秩序受到破坏，使国家的法律和公共政策不能有效地贯彻实施，甚至使国家的政权具有被颠覆的危险。如果政府面对紧急状态视而不见、充耳不闻或泰然处之，或者面对紧急状态仍然恪守平时的法律规则，采取太平时期的措施和手段，则人民的生命健康和财产将受到极大的损害，国家、社会或公共利益将遭受难以弥补的损失，甚至"国将不国"。因此，任何国家的政府都不能等闲视之，否则就是对人民的犯罪。

在紧急状态下，全社会的主要任务是如何采取有效的措施来控制和清除紧急情况，恢复正常的生产、生活和法律秩序。政府在紧急状态中当然应该发挥主导作用。然而，由于紧急状态的危险性、威胁性以及紧迫性，仅仅采取一般的手段或措施难以应对紧急状态、恢复社会秩序从而对社会实施有效管理。因而有必要赋予政府以特殊的、比平常更大的行政权力——紧急行政权力，从而使政府能有效、及时地组织、运用各种资源，采取强有力的措施，有效地应对紧急状态，清除危险，渡过危机，维持或恢复正常的宪法和法律秩序，确保人民的生命健康和财产安全，将紧急状态可能造成的损失减少到最低程度。而要这样做，就可能改变正常的法律秩序，违背既定的或常态下的法治原则，限制或停止公民的某些权利。在这种情况下，紧急行政权力及其行使就会与既定的法治原则发生冲突。

有人用国家的存在优于个人的基本权利的观点来论证紧急行政权力的合理性与必要性，笔者不敢苟同。紧急行政权力的合理性可以从以下几个方面加以认识。首先，这是由国家的基本职能所决定的。国家存在的基本或最大的理由是保护全体人民的生命健康和财产安全，当全体人民的生命健康和财产安全受到威胁的时候，国家有义务采取可能采取的手段给予救济。其次，这是利益权衡的必然选择。当紧急状态出现的时候，采取非常的应对措施所带来的利益远远大于遵守正常的法治秩序所带来的利益。为了人民长远的、根本的、整体的利益，可以而且有必要牺牲短暂的、眼前的、局部的利益。再次，这是由法律的性质和目的所决定的。法律本身不是目的，而是为达到社会公共利益所运用的手段。最后，这是由公共利益优先原则所决定的。在紧急状态下，用紧急行政权限制个人某些权利，是维护公共利益所必需的手段，就如同遇难的船舶为了防止船舶下沉需要抛弃船舶上的货物一样。

二 紧急行政权的基本内容

紧急行政权是应对紧急状态的一种特别权力。没有强有力的行政权，要动员组织人民战胜灾害、消除危机是不可能的。从宪制上看，它包括国家元首的部分权力（除立法权以外）和最高行政机关（内阁、部长会议、国务院等）以及其他行政机关在紧急状态过程中所具有的特权。不同的国家应对紧急状态的紧急行政权的范围和大小不尽相同，而且应对不同程度的紧急状态也有不同种类的紧急行政权。归纳起来，紧急行政权包括以下几个方面的内容。

（一）同意、宣布、公告、延长紧急状态权

一是宣布紧急状态。塞浦路斯宪法第183条规定："如果遇到战争或其他威胁本共和国或其任何地区生存的公开危险，部长会议有权就此通过决议，宣布紧急状态。"

二是对宣布紧急状态的同意权。阿拉伯也门宪法第90条规定："共和国委员会主席在征得共和国委员会、内阁和协商会议同意后，得宣布国家进入战争或紧急状态，接受停战或媾和。"阿拉伯联合酋长国临时宪法第146条规定："如有必要，按法律规定，根据联邦总统建议，经联邦部长会议和最高委员会同意，由联邦总统下令实行军法管制。"

三是对紧急状态的公告权。塞浦路斯宪法第183条第3款规定："共和国总统和副总统，除业已单独或共同行使本条第一款规定的否决权外，应立即将宣布紧急状态的公告在共和国公报上予以

公布。"

四是延长紧急状态的请求权。塞浦路斯宪法第183条规定:"宣布紧急状态应自众议院确认之日起2个月后失效,但应部长会议的请求,众议院得通过决议延长紧急状态的期限……"

(二)制定、颁布或附署适用于紧急状态期间和区域的法律、法规、命令权

一是发布法规、命令权。[①] 塞浦路斯宪法第183条规定:"在实施紧急状态期间,部长会议如认为需要立即采取行动,得不受本宪法规定的限制而发布纯粹同紧急状态有关并具有法律效力的命令。"约旦王国宪法第94条规定:"在国民议会闭会期间,经国王同意后,内阁有权就刻不容缓需要采取紧急措施的事项或为批准不容迟延的紧急开支而公布暂行法,上述暂行法在不违背本宪法规定的情况下具有法律效力。"

二是就地方国家机关的权力及其行使方式发布指示或做出规定。如巴基斯坦宪法第232条第2款规定:"在宣布紧急状态期间,联邦行政权应包括就各省行政权的行使方式向各该省发布指示","联邦政府

[①] 紧急状态下的立法权大多由国家元首行使,但这种权力属于立法权还是行政权值得研究。例如,马来西亚宪法第150条第4款规定:"在紧急状态的宣布生效期间,联邦行政权得不受本宪法任何规定的限制而包括对属于州立法权限的任何事项的管辖以及对州政府或其官员及所属机关发出命令。"科威特王国宪法第71条规定:"在国民议会闭会期间或被解散的时候,如有必要采取紧急措施,埃米尔得颁布具有法律效力的命令,但这些命令不能和宪法相抵触或者违反预算法所包括的拨款规定。"马尔代夫宪法第37条规定:"在国家面临紧急情况时,共和国总统有发布命令临机应变之权。但这种应变命令不得违反宪法。"马来西亚宪法第150条第2款(2)规定:"在紧急状态生效后,除议会两院同时处于会议期间外,最高元首得随时根据形势的需要在他认为有必要立即采取行动时颁布施行他认为必要的法令。"巴基斯坦宪法第234条第1款规定,"如总统认为出现了使某省省政府无法正常行使宪法规定职能的局势,1.总统可以发布公告宣布总统本人或指示该省省督代表总统行使省政府全部或任何职能,并且行使除省省议会以外的该省任何机构或当局拥有或行使的全部或任何权力;2.宣布该省省议会的权力由议会代行,或须经议会批准方可行使;3.制定对实施公告的规定所必要或需要的附带后续规定,包括全部或部分暂停施行宪法有关省任何机构或当局的任何规定的规定"。

得以命令宣布由联邦政府直接行使或指示省督代表联邦政府行使该省省政府的全部或者任一职权，以及除省议会以外，该省的任何机构或当局所拥有或行使的全部或任一权力，并且制定联邦政府认为对实施公告的规定所必要的或需要的附带后续规定，包括全部或部分暂停施行宪法有关该省任何机构或当局任何规定的规定"。

三是公布或附署紧急命令权。如泰王国宪法第157条第4款规定："不论紧急敕令是否获得追认，均应由总理在政府公报上公布。如未获追认，则该项敕令自政府公报上公布之日的第二天失效。"有的国家法律规定，得由政府总理附署签发紧急状态法令。如希腊宪法第48条第1款规定："共和国总统，在严重扰乱或明显威胁公共秩序和国家安全的情况下，得发布由总理副署的命令，宣布在希腊全境或局部地区实行戒严并成立特别法庭。"

（三）依法采取或被授权或被委托采取宏观应对措施权

1. 实行戒严[①]

戒严系"于战争或非常事变时，由政府以兵备在全国或一定区域内，加以警戒，而对人民自由权加以限制或停止者"。[②] 在20世纪以前，戒严通常是在宪法中原则授权的；20世纪以来，用专门立法的形式来规定戒严事项成为一种趋势。大体有以下几种类型。①通过宪法对戒严做原则规定，例如，苏联1977年宪法第121条第15款规定，最高苏维埃主席团为了保卫苏联，宣布个别地区或全国戒严；1952年波兰宪法第28条第2款规定："国务委员会依国防或国

[①] 戒严一词在英文中为Martial Law。在欧洲古代和中世纪，并没有专门的戒严法律，只有一些零星的关于实行戒严的法律规定。最早的戒严法是法国于1789年10月21日制定的禁止聚众的戒严法。后来，其依据法兰西第二共和国宪法第106条的规定，于1849年8月9日又制定了戒严状态法。

[②] 参见商务印书馆刊印的由郑镜毅主编的《法律大辞典》"戒严"条。另外，1934年上海大东书局印行的由王辕章主编的《法律大辞典》认为，戒严系指"国家于战争，或其他非常事变之际，为谋国境治安计，于全国或一地方，施以兵力或备之一种行政作用，或司法作用之谓也"。

家安全利益的需要,得宣布波兰共和国局部或全部的戒严。"②制定专门的戒严法,如韩国在 1981 年 4 月 17 日公布了戒严法,该法共 14 条,对戒严种类、条件、期限和戒严司令官的权限做了较为详细的规定。③既未在宪法中规定戒严,也无专门的戒严法,但政府可以依紧急行政权或惯例宣布戒严,如美国的联邦政府和各州的政府都有权宣布戒严。①

2. 实行军事管制

军事管制,又称为军法管制,是应对严重危险的紧急状态的一种措施。② 军事管制具有以下几个基本特点:正常国家权力移转给军事机关;③ 军事管制法可以作为例外在本国内部实施;除被接管领土的普通法院经同意继续存在和执行法律外,审判权由军事法庭或军事裁判庭根据占领军的军事当局所确立的规则行使;成立专门的军事法庭,审判违犯军事管制法之罪。④ 军事管制期间,中止公民基本权利的行使,个别情况依法律规定的例外。⑤ 在不同的国家,军事管制同

---

① 美国在 1935 年就有 32 个州调集国民警卫队实行戒严。20 世纪 60 年代初,在美国的马里兰州,国防军曾进驻并占领学校,实行戒严达一年之久。印度尼西亚于 1957～1966 年实行戒严。巴基斯坦曾多次宣布戒严,最长的一次是 1977 年 7 月至 1985 年 12 月;约旦于 1948 年实施戒严;中非共和国曾在 1982 年 2 月至 4 月戒严两个月,约旦在同年 8 月至 9 月实行过一次戒严;阿根廷于 1989 年 5 月 29 日宣布全国戒严 30 天。
② 在英国,军事管制法(Martial Law)指由高级警官和旧时法庭所实施的法律,并从这个法庭产生了今天的军事管制法。它现在是根据英国皇家特权令适用于暂时由英王军队占领的外国领土的法律。
③ 如韩国戒严法规定,从宣布"非常戒严"(相当于军事管制)时起,戒严司令官掌管戒严区内的一切行政和司法事务。在"非常戒严"地区,戒严司令官认为军事上需要时,有权对逮捕、拘押与没收、搜查、居住、迁徙、言论、出版、集会、结社、团体行动等事项进行特别处理,并将内容提前公布。
④ 例如,爱尔兰宪法第 38 条第 4 款规定:"在实行军法管制及对付战争状态或武装叛乱时,为审判被指控的违犯军法之罪,得成立军事法庭。"
⑤ 如阿拉伯联合酋长国临时宪法第 145 条规定:"除宣布实行军法管制以及由此而规定的法律限制外,不得中止执行本宪法任何条款。""但在实行军法管制时期,不得中止联邦议会会议,也不得侵犯议会议员的豁免权。"

戒严之间的关系不尽相同。① 在军事管制与戒严并存的国家，军事管制与戒严的差异主要表现在以下几个方面。一是目的和任务不同。军事管制的突出特征是"接管"，即凡实行军事管制的地域和单位，军事当局行使各种地方国家行政权、司法权和其他权力，② 社会生活军事化。而戒严最大的特征就是"维护治安"，即由军队出面维持社会秩序。③ 戒严期间正常的行政权和司法权仍可有效运转，军事当局不能接管这些国家权力，只能应特定国家机关的请求调遣部队，协同地方治安力量维护社会秩序，保护人民生命财产不受侵犯。二是适用范围不同。军事管制主要用于一国政权刚刚建立、新的宪法和法律尚未制定期间，还适用于防止国内外敌人的颠覆和破坏活动，军管期间可以在局部地区实行戒严，戒严可以作为军事管制期间一种特殊手段加以采用。但戒严并不仅仅适用于军事管制期间，在出现大规模暴力行动、正常的宪法和法律手段无法维持秩序时，特定的机关或个人也可请求军队协助进行戒严，戒严时军事当局的主要任务是维护社会治

---

① 戒严与军事管制的关系大体有以下几种类型：一是军事管制与戒严重合或同义，二者没有严格区分。军事管制和戒严发生的条件、方式和作用机制基本相同。如英语中 Martial Law 这个词组既可以翻译为军事管制法，也可以指戒严法。二是戒严从属于军事管制，即把戒严作为军事管制的一项特殊的应对措施来看待，也就是说，在实行军事管制期间，可以实行戒严，也可以不实行戒严。如《苏联军事百科全书》就把戒严解释为"一种特殊的军事管制"。三是军事管制从属于戒严，即把军事管制作为戒严的一项特殊应对措施，即是说，在实行戒严期间，既可以实行军事管制，也可以不实行军事管制。例如，韩国戒严法将戒严分为"非常戒严"和"警备戒严"，在"非常戒严"情况下，戒严司令官有权掌握戒严区内的一切行政和司法事务，这实际上是军事管制的内容。四是军事管制和戒严属于两种独立的紧急应对措施，互不从属，两者具有不同的适用条件、方式和内容。如孟加拉国宪法就将戒严和军管分开。该宪法第 150 条第 3 款第 8 项规定："一八九七年《一般条例法》关于议会法令及其废除的规定同样适用于上述公告以及军法管制条例和军法管制命令，也适用于上述公告的废除以及戒严令的取消和上述军法管制条例和军法管制命令的取消，就像上述公告和关于废除上述公告的公告以及关于取消戒严令、军法管制条例和军法管制命令的公告都是议会法令一样。"

② 由于军事当局全部或部分地接管了国家行政机关、司法机关以及各种企事业组织，使得军事当局在其接管的权限内，可以具体地决定和管理社会生活中的各项事务，包括生产、商业、交通、电信、新闻、文教、司法等各方面的社会活动。

③ 军队的调遣必须受正常宪法和法律规定的约束，其军事权执行力不能完全否定地方国家权力的法律效力。

安,并不直接领导和指挥国家机构和社会管理,一旦大规模暴力行动消失,军事当局的使命即告完成。三是应对措施的强度不同。军事管制以军事当局有效接管国家政权为目的,只要用非军事应对措施能解决问题,就可以不采用军事手段。戒严则必须采用军事对抗手段来对付紧急危险局势,直至紧急危险事态消除。

3. 实行宵禁

宵禁是为了恢复正常的社会秩序,禁止居民在夜晚某一段时间外出活动,或在夜晚采取特别许可证通行制度。宵禁一般在危险局势发生之后采取,有时与戒严并用,有时则单独使用。各国对宵禁时间的规定不尽相同,但一般是从头一天深夜至次日凌晨 6 点,如玻利维亚的宵禁时间为午夜到凌晨 6 时,阿尔及利亚首都的宵禁时间为 24 点至凌晨 6 点、远离首都的城市为 22 点至凌晨 5 点。宵禁期间通常采取下列措施:禁止居民在公共场所活动;断绝交通;实行通行证制度,外出须持有军事当局颁发的通行证;违反规定不听劝阻者,军警有权予以拘留直至开枪。宵禁任务一般由军队承担,地方社会治安力量也可以适当协同承担或协助宵禁工作。

4. 实行总动员

动员是一种积极的紧急对抗措施,其目的在于发动全体国民共同奋斗,对付紧急危险局势,尽力减少紧急危险事态给国家和国民所造成的损失。从涉及的地域范围看,动员可分为全国总动员和局部地区动员。从动员的目的看,动员可分为战争动员、战备动员和救灾动员等。动员以动员令的形式发布,往往在紧急状态令颁布后发布,但有时为了抗灾抢险,也可在不发布紧急状态令的情况下发布动员令。

5. 限制或停止公民权利

保障基本人权不受侵犯是民主法治的基本原则之一,同时也是衡量一个国家法治水平的标志。但是,由于紧急状态的特殊危险性,为了更好地、更长久地保护公民的基本权利和自由,相当一些国家都对宪法中所确立的基本人权做出一定的限制。不同的国家限制或停止公民权利的范围不尽相同。有的国家法律规定，限制的范围应包括公民的各项基本权利。如孟加拉国宪法第141条（丙）规定，在紧急状态公告令实施期间，总统可发布命令宣布，在紧急状态公告令生效期间或命令中指出的较短时期内，中止公民基本权利。也有的国家法律只对公民的部分基本权利做出限制。如马来西亚宪法第149条规定，在实施紧急状态期间，公民的人身自由、禁止驱逐出境和迁徙自由、言论结社集会自由、财产权利等应受到限制。归纳起来，受到限制或停止的权利主要有：人身自由，不得从事强迫劳动，刑事诉讼中的一些诉讼权，居住和迁徙自由，住宅不受侵犯，通信自由，结社集会自由，国家赔偿，言论自由，从事职业、经营权，罢工权等。[①]

（四）依法或依职权采取具体应对措施权

在某种具体的紧急状态中，或者在实施某种宏观措施中，都不能不涉及具体行政手段或具体行政措施的运用。这些具体措施可能涉及所有具体行政行为的运用，但主要有以下几类。

一是有针对性地建立机构和相应的制度。如建立全国或地方应急处理机构和相应的专业机构；建立相应的责任制度；制定全国或地方应急预案；建立监测和预警机制；建立有关报告和公布制度；建立有关措施实施程序制度；建立财政支持制度；等等。[②]

二是征调与征用。征调是指政府强制有关公民提供一定劳务或者财物的措施，如调用民工。征用是指政府有权使用公民或组织的动产或不动产，如征用房屋和交通工具。紧急状态下的征调和征用，具有较强的强制性和即时性。

三是实行强制隔离、强制检疫、强制医疗、强制驱散等强制措施。

[①] 参见徐高、莫纪宏编著《外国紧急状态法律制度》，法律出版社，1994年，第90页。
[②] 中国政府在抗击非典型肺炎疫情灾害中，根据《突发公共卫生事件应急条例》，采取了上述措施。

如对疫区实行封锁，对被污染水源实施封闭，对疑似病人进行强行隔离，在一定的期间内强制停课、停业、停工、停产等。

四是给付措施。包括实施必需品供应、提供设施设备技术、实施补助奖励抚恤等措施。如我国《突发公共卫生事件应急条例》规定，县级以上各级人民政府及其卫生行政部门应当对参加突发公共卫生事件应急处理的医疗卫生人员给予适当补助和保健津贴，对做出贡献的给予表扬和奖励，对致病、致残、死亡人员按规定给予补助和抚恤；县级以上各级人民政府应当提供必要资金，保障因突发公共卫生事件致病、致残的人员得到及时、有效的救治；国家对边远贫困地区突发公共卫生事件应急工作提供财政支持。

五是对交通、通信、食物、水源等采取的管制性措施。如我国《突发公共卫生事件应急条例》规定，突发公共卫生事件应急处理指挥部根据突发公共卫生应急处理的需要，可以对食物和水源采取控制措施。

六是对相关事项的行政指导权。例如，中国政府和相关部门在抗击"非典"的斗争中，行政指导得到了比较充分的运用。国家卫生部先后发布了《公共预防传染性非典型肺炎指导原则》《传染性非典型肺炎推荐治疗方案》《公共场所预防传染性非典型肺炎消毒指导原则》等指导性规范文件，取得了较好的效果。

七是对违反紧急状态时期所颁布的法令及其他相关违法行为的制裁权。如我国《突发公共卫生事件应急条例》在罚则中对卫生行政部门、疾病预防控制机构和医疗机构及其工作人员不依法履行职责做出了严格的行政处罚、行政处分甚至追究刑事责任的规定。

三　紧急行政权受法律规制的可能性

紧急行政权在相当长的历史时期内都不受法律的规制，而且这被视为理所当然。如英国思想家洛克把行政紧急权力和行政非常权力称为"行政特权",并认为,在某种场合,法律应当让位于行政执行权。因为一个国家常能发生许多偶然的事情,遇到这种场合,严格地、呆板地执行法律反而会有害(例如,邻居家失火,不把一家无辜的人的房屋拆掉来阻止火势蔓延)。① 这种观点之所以长期占据支配地位,主要原因在于以下几个方面:紧急行政权被认为是国家行政机关(包括国家元首)的天然特权或习惯权力,行政机关在紧急状态下的行为被认为是国家行为、统治行为或主权行为,不能由法律加以规定;② 紧急行政权被认为具有高度的政治性、政策性,不宜由法律加以规范;在紧急状态中,社会关系具有高度的复杂性、频繁的变动性,需要行政机关具有高度的机动性、灵活性、权变性,难以由法律加以规范。③

但是,各国的宪法制度和民主法治发展的轨迹表明,紧急行政权及其运用正在不断地被纳入法治的轨道。其原因有四。其一,行政权的强化是一把双刃剑。同其他行政权一样,紧急行政权同样有被滥用的可能性。紧急行政权是一种必要的权力,但又是一种最为危险的权力。如果认为情况特殊,政府就可以为所欲为,各部门、各地区可以各行其是,权力就会无序行使,社会就会出现新的混乱。而且,紧急行政权是一种影响力和支配力极大的权力,稍有不当就可能影响国家的命运和人民的根本利益。紧急行政权在一些国家的运用实践表明,它是一种最容易被滥用的权力。其二,不少国家或地区在紧急状态中造成了大量的人道主义灾难,有的肆意践踏或随意剥夺国民的基本权利,有的借机实行非法的政权更迭,有的甚至对国民或外国侨民采取灭绝人性、惨无人道的手段。其三,紧急行政权如果没有合法的权力来源,就不会具有普遍的、持久的感召力;紧急行政权如果没有必要

---

① 转引自杨海坤《非典,让我们正视行政紧急权力》,《法制日报》2003年5月8日。
② 如英国早在都铎王朝时代,王室就享有在非常时期、在国家危险或其他例外情况下可以援用非常时期权力的惯例,如伊丽莎白女王对西班牙舰队所构成的威胁所采取的措施。
③ 这种观点在我国延续得更为长久,直到20世纪90年代,我国还有不少行政法学教材将"应急性原则"作为独立于合法性原则以外的行政法基本原则。

的规范和约束，就难以取得法律强制力的支撑；紧急行政权如果没有必要的自律和他律，就得不到国民的普遍认同和支持。其四，紧急事件的重复出现以及各国之间的相互学习，使人类逐步认识到了处理紧急事件的一些基本规律，从而为紧急状态的法治化创造了条件，也打破了紧急行政权不能或难于规范的神话。基于上述理由或原因，人们普遍认为，应当将紧急行政权纳入法治轨道。① 绝大多数国家都建立了相应的应急法治。一个有较高治理水平的法治政府，不仅能在正常社会状态下运用法律维护好社会秩序和国民权益，而且能在非常时期做到依法（包括一般法和特别法）办事。

紧急行政权的法治化过程经历了一个相当长的历史阶段。即使从1628年英国通过权利请愿书对戒严加以规定开始计算，也经历了375年的时间。综合世界各国的经验，紧急行政权的法治化主要是通过以下几种途径实现的。

一是通过宪法对行政机关给予概括的授权，从而将紧急行政权纳入法律规制的范围，并通过对立法机关、国家元首、司法机关紧急权的授予，设定重大紧急行政权的行使程序以制约紧急行政权的行使。绝大多数国家的宪法都有相关内容的规定，所不同的是有的规定比较详尽（用专章加以规定），有的规定比较简略（用专门条款加以规定）。我国现行宪法对紧急状态（戒严）的宣告有原则性规定，但缺乏制约机制明确的程序性规定，更没有有关公民在紧急状态下基本权利最低保护限度的规定，有必要在修改宪法时加以完善。

二是制定紧急状态基本法，对紧急行政权做系统、详尽的规范。如英国1814～1915年的王国保护防卫法、1920年和1964年的紧急状态权力防御法，美国1975年的全国紧急状态法，法国1955年4月3

---

① 德国行政法学家哈特穆特·毛雷尔认为，在特殊的"紧急情况"下，人们可能接受例外的行政权力，但不得以实际情况为由废除法律原则，否则，人们的基本权利就将失去防御。英国的行政法学家威廉·韦德也认为，在法治社会里，不应存在任何不受限制的权利。

日颁布的紧急状态法，苏联 1990 年 4 月 3 日最高苏维埃通过的紧急状态法律制度法等。所有紧急状态具有一定的共性，为了调整紧急状态下出现的有别于平时但相对各种具体的紧急状态又具有一定共性的特定关系，事先制定一般紧急状态法是必要的。一旦紧急状态出现，政府和有关机构就可以进入特别程序，行使特别权力。在这种状态下，政府和有关机构行使紧急行政权就有了明确的法律依据。我国目前尚未制定紧急状态基本法，在各种特别紧急状态法尚不完备的时候，一旦遇到尚未制定特别紧急状态法的领域发生紧急状态，就会出现无法可依的局面。

三是制定有关具体紧急状态的单行法（即特别紧急状态法）对特定的紧急状态应对措施或特定的紧急状态进行具体规范。如美国 1871 年 4 月 20 日的三 K 党法案、1973 年的战争权力法、1975 年的国际经济紧急权力法，法国 1849 年 8 月 9 日颁布、1878 年修改的戒严法，我国全国人大制定的戒严法、传染病防治法、防洪法、防震减灾法以及 2003 年 5 月国务院制定颁布的《突发公共卫生事件应急条例》等。此外，相当一些国家都颁布了传染病或疫病防治法、防灾减灾法等法律。特别紧急状态法对具体规范紧急行政权的具体运作，更具有针对性和可操作性。我国目前在特别紧急状态法的立法方面，虽然取得了一定的成就，但尚有诸多领域还没有特别紧急状态法加以规范，而且有的是"急来抱佛脚"，缺乏全面和理性的思考，因而有必要制定系统的特别紧急立法规划，不断完善我国特别紧急状态立法体系。

四是在其他单行法律、法规中规定有关应对紧急状态的内容。如日本的自卫队法和警察法、许多国家的集会游行示威法等法律。目前，我国的某些单行法律、法规，如警察法，集会、游行、示威法等涉及紧急行政权行使的有关内容，但是还不全面，有些法律应当规定而没有规定，需要在修改有关法律时加以完善。尤其是对于正在酝酿起草的行政程序法来说，应当辟专章或专节对有关紧急行政权的行使问题加以规定。

五是加入国际公约,将紧急状态纳入国际公约的调整范围。如《公民及政治权利国际公约》《欧洲人权公约》《巴黎最低标准》《国际劳动公约》等都涉及紧急状态的内容,都对紧急行政权做出了相应的规范。通过以上规范途径,规定了在紧急状态时期如何处理国家权力与国家权力、国家权力与公民权利、公民权利与公民权利之间的关系,从而形成了紧急状态法治化的宪法和法律基础。将紧急行政权纳入国际公约的调整范围,实际上是将紧急行政权纳入国际社会的监督范围,显然有利于紧急行政权的法治化。但是,在相关的国际组织被个别超级大国操纵的时候,或者在国际组织本身的法治化尚有疑问的时候,要防止有人借机干涉主权国家的内政。我国目前已经签署《公民及政治权利国际公约》,正式加入后将需要通过具体的法律、法规将有关内容转变成国内法,使得国内法更好地与相关公约接轨。

四 规制紧急行政权的基本思路

如何具体地将紧急行政权纳入法治的轨道,如何协调或缓冲紧急状态与法治状态的冲突,是我们需要进一步研究的问题。总结国外已有的经验,结合我国的实际,笔者认为应当从以下几个方面入手。

(一) 对紧急状态的宣告严加规范

某一国家或地区客观上出现了紧急状态而不予宣告,就可能贻误时机,使行政机关不能对社会实施有效的管理,从而对公共利益和国民人身或财产造成巨大损害,但政府如果随意宣告紧急状态,又会使国民的权利受到不应有的限制,因此,严格规范紧急状态的宣告具有重要意义。规范紧急状态的宣告,需要采取以下措施。

一是要严格界定紧急状态的定义。为了防止政府随意宣布紧急状态、随意启动紧急行政权，也为了防止政府在紧急情况下消极不作为，有必要通过法律确定紧急状态的定义。各国对于紧急状态有不同的定义，如欧洲人权法院将"公共紧急状态"定义为"一种特别的、迫在眉睫的、影响全体人民并对整个社会的正常生活构成威胁的危机或危险局势"。[1] 笔者认为，紧急状态的形成，至少需要同时具备以下几个条件：①危险的异常性，即使国民的生命健康、财产安全或国家财产、政权处于危险之中；②时间的急迫性，即危险已成现实或迫在眉睫；③影响的广泛性，即在相当大范围内产生了负面影响或造成了社会恐慌；④秩序的非正常性，即已严重影响到人们正常的生产生活或使国家机关不能正常地行使权力；⑤特别应对措施的必要性，即采取正常的限制办法或措施已不足以维护公共安全和社会秩序或不足以保护国民生命健康和财产安全、维护政权的生存，因而必须采取特别的应对措施才能恢复秩序或保护国民生命健康和财产安全、维护政权的生存。

二是明确规定紧急状态的确认主体。对于紧急状态是否形成以及危险的程度，不同的人可能会有不同的感觉、认识和判断。为了统一认识，减少紧急状态确认的随意性，增加宣告的权威性、认同感，紧急状态的确认主体必须是法定的权威机关。根据国外的宪法规定，紧急状态的确认主体一般为立法机关[2]或国家元首[3]。①行政机关通常不具有最终的确认权（需国家元首或立法机关的同意、确认或批准）。地方国家机关除联邦制外通常不享有确认权。军事机关只在战争时期拥有一定的确认权。许多国家规定紧急状态的确认权由两个或两个以上的机关共同行使，有的还规定由全民复决。根据我国宪制，由战争和政治动乱、社会骚乱引起的紧急状态，原则上应由全国人大常委会宣布；由自

---

[1] 徐高、莫纪宏编著《外国紧急状态法律制度》，法律出版社，1994年，第7页。
[2] 在实行一院制的国家中，通常由议会确认或批准紧急状态；议会闭会期间，由议会的常设机构代行议会的确认或批准权。在两院制国家中，紧急状态的确认或批准分三种情况：一是由一院批准；二是由两院分别批准；三是由联席会议共同确认或批准。
[3] 有的行使同意、批准权；有的行使直接确认权；有的行使否决权；有的行使议会闭会期间的替代确认权。

然灾害和公共卫生引起的紧急状态，原则上可由政府宣布。

三是具体规定确认紧急状态的程序。紧急状态的确认事关国民的基本权利，必须进行程序控制，即紧急状态的确认必须符合法定程序或正当程序，违反法定程序的确认不具有法律效力。紧急状态的确认通常分为请求或提议（包括地方政权机关的请求和法定机关的提议）、批准或同意（包括有权机关及其批准、同意方式或者表决或通过程序）、宣布或公告（包括法定的内容和方式）、延长或终止（包括延长或终止紧急状态期限的条件和程序）、追认或复决（对紧急状态确认的事后审查）等环节。设定确认程序必须注意以下几个问题：确保对紧急事实和危险程度判断的准确性；建立制约机制，防止确认权的滥用；强调程序的快捷，以防贻误时机。

四是设定认可或追认程序以强化监督。紧急状态一旦发生，应及时由有权国家机关予以确认。但为了减少灾难或损失，可以在事前做出预告。如果有权批准或确认紧急状态的国家机关闭会或个人不在岗，可由其他国家机关代为确认，但事后须得到有权机关的认可或追认。有权机关或个人可以变更、撤销或终止非法或不合理的确认，但一般不否定已经产生的法律效果。

（二）明确规定政府及有关机构在紧急状态下的职责和义务，防止渎职或失职现象的发生

如有的国家的法律规定，政府在紧急状态出现后，应迅速制定应急预案，组织有关突发事件信息的收集、分析、报告和发布，对突发事件现场及时有效地予以控制，积极采取救助遇难、遇险、致病、致伤人员，防止危险扩大的措施，组织应急设施、设备、救治药品、医疗器械及其他物资、技术的调度和储备，等等。为了防止在关键时刻出现渎职或失职情况，法律必须明确规定有关机关和工作人员的具体职责，为渎职和失职行为设定明确的法律后果，并建立有效的责任监督和追究机制。

（三）严格规定不同类型的应对措施的适用条件，以防止紧急行政权的滥用

为了防止紧急行政权的滥用，需要对各种应对措施的适用条件做出明确规定，尤其是戒严和军事管制等手段。

对于戒严的条件，有的国家规定比较原则，具体由有关当局自行判断，但通常设定程序加以限制。[①] 大多数国家都要求只有在出现情况极其严重的紧急事态，用正常手段不足以维护宪法和法律秩序的时候，才可以实行戒严。[②] 有的国家划分了戒严的种类，并对不同种类的戒严规定了不同的条件。[③] 笔者认为，戒严必须同时具备以下三个条件：①紧急危险局势表现为暴力冲突（这种冲突既可以是由一国内乱引起的，也可能是由外部侵略造成的）；②紧急危险局势非常严峻，直接威胁到国家政权的巩固和人民生命财产的安全；③正常的行政和司法手段不足以维护宪法和法律秩序，不能有效地消除紧急危险事态。

对军事管制的适用条件应当规定得更为严格。军事管制只有在战争或内乱引起严重危机、用戒严以下的手段不足以维护宪法和法律秩

---

① 如泰国宪法规定，如果是局部地区有宣布戒严令的紧急需要时，军事当局按照戒严法的规定宣布戒严。如科威特宪法规定，当出现紧急危险事态时，实行戒严。

② 如约旦宪法第125条第1款规定："如果紧急情况极其严重，依照本宪法上款规定采取的行动尚不足以保卫王国，国王根据内阁的决议发布敕令，宣布全国或部分地区实施戒严令。"再如土耳其宪法第122条规定，在发生旨在破坏宪法规定的自由民主制度或基本权利和自由、比需要宣布紧急状态更严重的大规模暴力行动，或发生战争、战争危机、暴动、反对祖国和共和国的武装叛乱或以内部或外部威胁国家和民族完整的大规模暴力行动等情况时，内阁在总统的主持召集下，经征询国家安全委员会的意见，得宣布在国家的1个或1个以上的地区或全国范围内实施不超过6个月的戒严。法国宪法和法律规定，只有在受到外部威胁、发生武装叛乱等极为严重危险事态时方能实行戒严，而在公共秩序遭到严重破坏、发生具有社会灾难性事件时只能宣布紧急状态。在法国，戒严令一经宣布，行政当局维持秩序和治安权全部移交军事当局，而紧急状态时期，维持秩序和治安权仍属行政当局。

③ 如韩国1981年4月17日公布的戒严法，将戒严分为"非常戒严"和"警备戒严"两种。"非常戒严"，指发生战争和特殊事件等非常事态，国家处于交战状态或社会秩序极度混乱，行政及司法机关职能明显难以执行，为军事上的需要和维护公共秩序的安全，由总统宣布施行"非常戒严"。"警备戒严"，指发生战争和特殊事件等非常事态，社会秩序出现混乱，只靠一般行政机关不能确保治安，为维护公共秩序的安定，由总统宣布施行"警备戒严"。

序时才能适用。适用军事管制必须同时具备以下两个条件：一是紧急状态达到非常严重的程度；二是采用戒严以下的手段无法消除紧急状态，不足以维持或恢复宪法和法律秩序。

（四）明确规定各种宏观应对措施所能够行使的权力和采用的手段

无论是动员还是宵禁，戒严还是军事管制，均需要采取一系列的具体手段和行为，需要行使一定的权力。这些权力主要有：紧急立法权、紧急财政权（增加财政拨款或变更预算）、对公民人身的特别强制权、对公民组织的财产的征用征调权、紧急情况下的警察权、对现行危急犯罪的紧急处置权、无法预料的情况发生后的灵活或便宜行事权以及对有关事项的行政指导权等。在法治的状态下应当尽可能地对各种宏观措施所能采用的具体手段、措施和行为做出明确的规定，而不应"不加限制地交给政府一张空白支票，让政府在紧急状态下自己去任意确定自己行使何种权力"。① 以戒严为例，各国关于具体措施的规定大体具有以下几种类型。一是通过特定机关在戒严期间发布特别命令明确规定必须采取的措施和手段。如土耳其宪法第 122 条规定，在戒严期间，内阁在总统的主持召集下，得就内战状态的必要措施发布具有法律效力的命令。1988 年 8 月 10 日，缅甸首都仰光军区司令发布的戒严令规定：①即日起在仰光地区实行宵禁（从上午 8：00 至下午 4：00）；②禁止 5 人以上（包括 5 人）在街上聚集、行走，禁止游行、演讲、呼口号、鼓动，以及制造动乱和违法行为。二是在戒严法中对可以采用的手段具体加以列举。法国戒严法规定，在戒严区内，当出现导致一场外来战争的危险时，军方有权逮捕罪犯，搜查、收缴武器弹药，管理出版物和集会等。再如韩国戒严法规定，为执行戒严任务，成立戒严司令部，由戒严司令官总负责。从宣布"非常戒严"时起，戒严司令官掌管戒严区内的一切行政和司法事务。在"非常戒严"地区，戒严司令官认为军事上需要，有权对逮捕、拘押、没收、

---

① 参见姜明安《突发事态下行政权力的规范》，《法制日报》2003 年 5 月 15 日。

搜查、居住、迁徙、言论、出版、集会、结社、团体行动等事项进行特别处理，并将内容提前公布。戒严司令官可依法动员或征用民夫，必要时可命令对军事所需物品进行调查、登记和禁止运出。不得已时，可在"非常戒严"地区破坏或烧毁国民财产，并在事后对造成的损失进行正当的赔偿。法国戒严法规定，戒严令宣布后，行政当局维持秩序和治安权力全部移交军事当局。在因武装暴力引起十分紧急情况，宣布戒严时，赋予军事法院特别管辖权。军事当局在戒严期间享有以下权力：①白天或夜间进入居民住宅搜查；②驱逐惯犯和在戒严地区无住宅的个人；③勒令交回武器和弹药，并可进行搜查以及强行收缴武器和弹药；④禁止被认为可能引起或维持骚乱的出版、言论和集会。

总之，这种授权应当尽可能具体，应当尽量减少概括授权，更不允许开"空白支票"；应当确定紧急权力的边界及范围，不允许无限授权，即使是便宜行事也应要求其遵循一定的原则和要求。

（五）用立法机关、国家元首、司法机关的紧急权限制、制约紧急行政权

为了防止紧急行政权的滥用，有必要用立法机关、国家元首和司法机关的紧急权限制约紧急行政权。从其他国家的实践来看，主要有以下方式。

一是由立法机关或国家元首确认或宣布紧急状态。巴基斯坦宪法第232条第1款规定："如果总统认为，由于战争或者外来侵略或者省政府无力控制的内部动乱，而出现威胁巴基斯坦或其任何部分安全的严重紧急情况，有权发表公告宣布紧急状态。"阿拉伯也门共和国宪法第90条规定："共和国委员会主席在征得共和国委员会、内阁和协商会议同意后，得宣布国家进入战争或紧急状态，接受停战或媾和。"

二是由立法机关或国家元首宣布实行宏观应对措施。例如，军事管制和戒严在相当多的国家应由最高国家权力机关宣布和确认，一般不单独授予行政机关宣布军事管制和戒严之权。如阿拉伯联合酋长国临时宪法第 115 条规定："在最高委员会闭会期间，最高委员会可以授权联邦总统及部长会议共同颁布上述命令作为紧急指示，但其批准权仍属最高委员会所有。但是，最高委员会不得授权总统及部长会议签订国际协定及条约，宣布实施或取消军法管制，宣布战争防御状态，任命联邦最高法院院长及法官。"苏联宪法规定，戒严的宣布权属于苏联最高苏维埃主席团。匈牙利宪法规定，匈牙利人民共和国主席团有权宣布戒严。西班牙宪法规定，戒严状态的宣布，要由众议院批准，并由众议院宣布。①

三是由立法机关行使紧急状态的最终确定权。如委内瑞拉宪法第 242 条规定："如果宣布处于紧急状态或者如果限制或停止保证，所适用的声明应当在部长会议上加以决定，并且在公布后的 10 天之内提请两个议院的联席会考虑。"

四是由立法机关或国家元首发布或与行政机关共同发布适用于紧急状态的有关法令。如 1987 年菲律宾宪法第 6 章第 26 条第 2 款规定："任何法案，非在不同日期经过三读，并于通过前 3 日将最后定稿的印刷文本分送各该院全体议员，任一议院不得予以通过而成为法律。但经总统证明，为应付公共灾难或紧急情况，有必要立即通过的法案不在此限。"阿拉伯联合酋长国临时宪法第 113 条规定："在最高委员会闭会期间，如因刻不容缓的紧急情况，必须立即颁布联邦法律，联邦总统和部长会议可以法令形式共同颁布具有法律效力的必要的法

---

① 关于宣布戒严的权限，各国的规定不尽相同。苏联宪法规定，戒严的宣布权属于苏联最高苏维埃主席团。匈牙利宪法规定，匈牙利人民共和国主席团有权宣布戒严。希腊宪法规定得比较详细：戒严由总统发布总统令宣布；为战争而宣布的戒严，其总统令要由内阁副署，为内乱而宣布戒严，其总统令要由总理副署。西班牙宪法规定，戒严状态的宣布，要由众议院批准，并由众议院宣布。波兰宪法规定，戒严由国务委员会或其主席宣布。法国规定，戒严由总统宣布，但总统必须事先正式咨询总理、议会两院议长和宪法委员会。由此可见，各国宪法和法律关于戒严的决定与宣布权限的规定是不同的，有的赋予国家元首，有的授予立法机关，有的授权行政机关。

律。但其内容不得和本宪法的规定相抵触。"

五是赋予总统停止有关公民基本权利和自由的宪法条款或法律的实施或改变其实施效力的权力。1919年8月颁布的德意志共和国宪法（即魏玛宪法）第48条规定："如果威胁或严重危害德国的公共安全与社会秩序，总统可以采取必要措施，直至用军队进行干涉。为此，总统可以暂时停止一部分或全部下述各条规定的基本权利。"[①] 阿富汗宪法草案第135条第4款规定，在紧急状态期间，总统有权"中止或修改宪法第三章部分条款的法律效力"。菲律宾宪法第7章第18条规定："在遇到侵略或叛乱时，总统得因公共安全的需要而在不超过60天的时期内停止施行人身保护令特权，或在菲律宾全国或任一地区实施戒严令。在宣布戒严状态或停止施行人身保护令特权的48小时内，总统应亲自或书面报告国会。"孟加拉国宪法第141条（丙）规定："1. 在紧急状态公告令实施期间，总统可发布命令宣布，在紧急状态公告令生效期间或命令中指出的较短时间内，中止要求任何法院实施命令中指出的本宪法第3章赋予的基本权利的权利和中止任何法院为实施上述基本权利而审理的一切未决诉讼。2. 根据本条规定发布的命令可发至整个孟加拉国或其任何地方。3. 根据本条规定发布的每项命令应尽快提交议会审议。"

六是赋予司法机关对某些措施的审查批准权。如意大利宪法规定：在法律明确规定且刻不容缓的情况下，警察机关可采取限制人身自由的临时预防措施，但该措施须于48小时内通知司法机关并申请其批准，如在48小时内未获其批准，则视为该措施已被取消。警察机关应解除对相对人人身自由的限制。

（六）具体规定紧急行政权行使的程序以保障紧急行政权正当行使

紧急行政权的行使需要快捷、迅速，采用太平时期的某些行政程

[①] 这些基本权利包括人身、住宅和财产的不可侵犯权，通信秘密权和结社自由权，该条规定在魏玛时期（1919～1933年）曾多次被采用。

序（如过多的审批程序、旷日持久的征求意见程序、复杂的听证程序等）自然是过于迂阔，但如果不进行适当的程序控制，则容易出现权力的滥用。不少国家或地区的宪法和法律对紧急行政权尤其是重大的紧急行政权的运用进行了程序控制。

在进行程序控制的时候，必须注意以下几个问题：一是程序控制可以是事中控制，也可以是事前和事后控制，为了提高紧急行政权的有效性，可以弱化事中控制，强化事前和事后控制；二是为提高紧急行政权的运用效能，应当更多地应用简易程序和特别程序；三是应根据紧急行政权的不同性质和重要程度，分类进行程序设计和安排。

（七）确定人权保护的最低标准以确定紧急行政权的行使边界

任何紧急应对措施都会直接或间接地增加国民的义务、限制或停止国民一定的权利。有的国家的宪法还明确规定总统或国王有停止或部分停止宪法有关公民基本权利条款的执行的权力。[①] 但是，如果不对限制、中止公民权利的范围、时间和条件严加限制，必然会造成对公民权利不应有的侵害。紧急行政权的违法或过度行使，也必然挤压国民的基本权利。然而，政府活动的底线就是尊重和保护基本人权。即使是在紧急状态下，也不得随意克减基本人权，更不能随意侵犯基本人权，有一些最基本的人权应该予以保留，否则，就很容易放纵国家权力机关滥用紧急权，从而危害人民生命财产的安全。为了保护国

[①] 如阿富汗宪法草案第135条就规定，在紧急状态期间，总统有权中止或修改宪法第3章部分条款的法律效力（第3章为公民的公民权，基本权利、自由和义务）。尼泊尔王国宪法第81条规定：如果国王认为出现了严重的紧急形势，"国王可以发布文告宣布中止执行除本条款以外的本宪法一切条款或任一条文或某些条款中的某些规定。阿富汗宪法草案第53条规定，禁止强迫义务劳动，战争、自然灾害和其他危及公共生活与秩序时除外。"阿拉伯联合酋长国宪法第145条第1款规定："除宣布实行军法管制以及由此而规定的法律管制外，不得中止执行本宪法任何条款。"阿拉伯也门共和国永久宪法第168条规定："除非依照本宪法规定宣布国家处于紧急状态或战争状态，不得中止执行本宪法的任何条款。"巴基斯坦宪法第233条规定，在紧急状态宣布生效期间，国家不得制定或采取宪法第八条明确规定国家无权制定或无权采取的法律或行政措施。

民的基本权利，防止紧急行政权的滥用，一方面必须明确限制、中止的范围、时间和条件，另一方面必须确定人权保护的最低标准。具体可采用以下做法。

一是明确限定中止宪法有关公民权利条款实施的范围。如塞浦路斯宪法第 183 条第 2 款规定：上述宣布紧急状态的公告都应明确规定紧急状态期间须予中止执行的条款。但是，任何宣布紧急状态的公告只能中止下列宪法条款的执行：即第 7 条（生命和人身安全权的权利）、第 10 条第 2 款（不得强迫劳动或强制劳动）、第 11 条（人身自由与安全的权利）、第 13 条（迁徙和自由居住的权利）、第 16 条（住宅不可侵犯的权利）、第 17 条（通信保密的权利）、第 19 条（思想、信仰、言论、出版的权利）、第 21 条（和平集会的权利）、第 23 条第 8 款第 4 项（国家征用动产和不动产时立即补偿的权利）、第 25 条（从事职业、贸易、经营的权利）和第 27 条（罢工权）。许多国际性条约也对紧急状态下人权的最低标准加以保护，反对政府和其他国家机关无限制地滥用紧急权。

二是明确规定某些权利的不可剥夺性或不可中止性。委内瑞拉宪法第 241 条第 1 款规定：遇到紧急事件，可以扰乱共和国和平的混乱，或者影响经济或社会生活的严重情况的时候，共和国总统可以限制或停止宪法的保证或某些保证，但公布在第 58 条、第 60 条（3）和（7）项下的那些保证例外。[①] 1976 年 1 月 3 日生效的联合国《公民权利和政治权利国际公约》，1953 年 9 月 3 日生效的《欧洲人权公约》，以及 1969 年 11 月 22 日在哥斯达黎加圣约瑟城制定的《美洲人权公约》，都规定在紧急状态下也不得剥夺公民的某些基本权利。这些基本权利包括：生命权，人道待遇（指任何人不得被施以酷刑，或遭受非人道或侮辱的待遇），不受奴役的自由，不受有追溯力法律的约束，

---

① 第 58 条为生存的权利和不设死刑；第 60 条（3）为任何人不可在被监禁时禁止与外界联系、通信，或遭受痛苦；不能判处无期或不名誉刑罚，刑罚不得超过 30 年。

法律人格的权利，思想、信念和宗教的自由。《美洲人权公约》还规定不得中止保障公民家庭的权利、姓名的权利、儿童的权利、国籍的权利和参加政府的权利。

三是确定紧急状态下人权保护的最低标准。1976年，国际法协会组织小组委员会专门研究在紧急状态下如何处理和维护国家生存与保护公民权利的关系。经过6年研究，起草了《国际法协会紧急状态下人权准则巴黎最低标准》（*International Law Association's Paris Minimum Standards of Human's Right Norms in a State of Emergency*，以下简称《巴黎最低标准》）。经该协会人权执行委员会两年的研究和修改后，国际法协会于1984年通过并公布了这一文件。《巴黎最低标准》为各国制定和调整紧急状态时的法律提出了指导性的准则，通过规定实施紧急状态和行使紧急权力的基本条件和应遵循的基本原则以及各种监督措施，防止政府滥用紧急权力，最低限度地保障公民的权利。总结世界各国紧急状态立法以及有关国际法的规定，一般来说，紧急状态下人权最低标准包括：人格、人身自由和尊严不受侵犯；不受非法驱逐出境和流放；公民资格不得取消；宗教信仰自由应得到尊重；语言使用权不受侵犯；个人生活和家庭生活得到尊重；允许思想自由，受教育的权利不受侵犯；契约自由不受侵犯；不得有罪推定和两次审判同一犯罪事实；等等。①

四是对某些权利给予绝对保护。如阿富汗宪法草案第42条规定："阿富汗民主共和国不允许践踏人格尊严，进行刑讯"，"禁止以威胁或强迫手段获取被告或他人的供词、证词和其他材料"，"在任何情况下，对被告或他人用刑或命令用刑获取证词和供词者应受法律制裁"。

---

① 各国对紧急状态下人权最低标准范围的确认都有较大差异，甚至有相反的规定。如对宗教信仰自由，有的国家立法规定，在紧急状态下可以限制，如阿富汗宪法草案第41条第3款的规定；有的国家立法则明文规定，宗教信仰自由在紧急状态下也不得侵犯，如马来西亚宪法第150条第6款（甲）的规定。

(八) 规范紧急自由裁量权,以防止紧急自由裁量权的滥用

无论如何,法律不可能对所有紧急行政权的适用条件、程序做出细致周密的规定。在任何国家,法律都必须给行政机关留有一定的自由裁量空间,在紧急状态下更是如此。即使在紧急状态法治程度比较高、相关法制比较健全的情况下,也必须授予政府和有关机关一定的自由裁量权以备不测。但是,为了防止裁量权的滥用,必须对紧急状态下的行政自由裁量权加以规范。规范的具体方法主要有以下几种。

一是明确规定政府和行政机关行使紧急行政权的目的。只有确定了特定紧急行政权的目的,才有可能要求政府和行政机关具体实施的行为的动机和手段与目的相一致。

二是在法律中对政府和行政机关的紧急裁量权的行使条件做出概括要求。

三是设定紧急裁量权行使的基本规则,如平等规则、比例规则等。

四是对紧急裁量权的行使进行事后的合理性评价或审查。例如,英国在紧急状态下,民事法院不能干涉军事当局在其职权范围内所做的行为。但在紧急状态结束后,其所实施的行为只有出于善意,具有合理的正当理由,并且这些行为是因为紧急状态和必要情况所做的,才可被认为是合法的和正当的。

(九) 赋予公民以抵抗权或请求救济权

17、18世纪资产阶级从天赋人权学说出发,将反抗压迫视为人的基本权利之一,是自然法上的自然权利。1776年的美国独立宣言和1789年法国人权宣言将抵抗权法律化和实证化。第二次世界大战后联邦德国的赫森宪法(1946年)、布雷门宪法(1947年)、柏林宪法(1950年)以及民主德国的德意志民主共和国宪法(1949年)将抵抗权纳入宪法条款。对于紧急状态中的行政行为,利害关系人能否请求救济,各国的规定不尽相同。有的禁止

国民提出异议。① 但相当多的国家特别是法治程度比较高的国家，都建立了相应的救济机制，以保护国民受非法或不当侵害的权利得到恢复。

一是抽象地规定公民享有抵抗权。如1949年5月8日联邦德国议会会议通过的德意志联邦共和国基本法（宪法）第20条第4款规定："所有德国人都有权在不可能采取其他办法的情况下，对企图废除宪法秩序的任何人或人们进行反抗。"

二是赋予公民进行请愿的权利。如1986年10月12日菲律宾制宪委员会通过，1987年2月2日全国公民投票通过生效的菲律宾共和国宪法第7章第18条第3款规定：最高法院在任何公民按适当程序提出请愿时，得审查宣布戒严状态或停施人身保护令或延长其期限是否充分的事实依据，并应在受理后的30天内做出裁决。

三是赋予公民提出诉愿和诉讼的权利。如法国紧急状态法第7条规定，凡依法受到紧急处置措施羁束的人，可以要求撤销该项措施。他的申请应提交咨询委员会。另外，受紧急处置措施羁束者得有权向有管辖权的行政法庭提出诉愿，指控对其采取的紧急处置措施的决定越权。行政法庭应在提出诉愿当月内做出裁决。倘提起上诉，最高行政法院应在上诉3个月内做出裁决，如果上述法院没有在规定的期限内做出裁决，对诉愿者采取的紧急处置措施停止执行。

四是赋予国民以请求国家赔偿的权利。如韩国戒严法规定，从宣布"非常戒严"时起，戒严司令官掌管戒严区内的一切行政和司法事务。在"非常戒严"地区，戒严司令官在不得已情况下，可在"非常地区"破坏或烧毁国民财产，但必须在事后对造成的损失进行正当的

---

① 如巴基斯坦宪法第269条第2款规定："任何当局或任何个人，凡在1971年12月20日至1972年4月20日期间（含首尾两日）为行使根据总统令、军事管制条例、军事管制令、法令、通告、规则、命令或地方法规获得的权力，或者为执行当局行使或据称行使上述权力时发布的任何命令或通过的任何判决而发布的命令、提起的诉讼或采取的措施，不论任何法院有何裁决，均应视为并且永远为合法命令、合法诉讼或合法措施，不得以任何理由在任何法院提出异议。"

赔偿。

五是赋予公民以复决权。如1953年6月5日丹麦王国宪法第42条第7款规定：在紧急情况下，紧急法案在议会通过后立即呈送国王批准，但上述规则仍需由公民复决定夺。

无救济即无权利。赋予行政相对人对紧急行政权一定程度的抵抗权和请求救济权，是一个世界性的趋势。在建立救济制度的时候，应当注意以下几个问题。一是在可能的情况下，应当充分尊重行政相对人的知情权，防止对公共信息的不当隔离侵犯行政相对人的知情权，导致危机的加剧或扩大，尤其是在涉及自然灾害和有关突发公共卫生事件的时候，信息的发布应当及时、准确、全面。二是赋予行政相对人以抵抗权应当有条件的限制，应当确定抵抗权行使的范围。三是由于紧急状态的特殊情况，行政相对人的请求救济权一般在事后甚至是紧急状态结束后行使为宜。

（本文原载于《法学研究》2004年第2期）

公众参与与行政法治

姜明安*

公众参与是现代民主的重要形式,行政法治则是法治的重要组成部分。关于民主与法治的关系,学界主要有三种观点。其一,二者相互依赖,密不可分。此派学者认为,没有民主,就没有法治;没有法治,也就没有民主。加强民主,即促进了法治;加强法治,也就促进了民主。① 其二,二者相互对立,相互冲突。此派学者认为,发展民主,就会损害法治;加强法治,就会妨碍民主的发展。② 其三,二者是对立统一的关系。此派学者认为,民主与法治既相互矛盾、相互冲突,也相互依赖、相互促进。"民主本来是用来支持法治的,但是它

---

* 姜明安,北京大学宪法与行政法研究中心主任、教授。
① Francis Sejersted 提出,"民主和法治可以被看作克服国家与社会之间矛盾的两种不同的方法……法治是要约束国家的权力,而民主则是要在行使国家权力的过程中动员社会",二者共同保障国家与社会的协调统一。"民主终究是有限政府和法治的最好保障。"参见〔美〕Elster J. 等编《宪政与民主》,潘勤、谢鹏程译,生活·读书·新知三联书店,1997,第152、158页。Jean Blondel 指出,宪法学家 Ely 和 Holmes 声称民主与法治互相依赖,密不可分。"宪政约束并不是旨在反对民主,相反,却能巩固和加强民主体制。"民主与法治是相互支持、相互促进的,参见〔日〕猪口孝等编《变动中的民主》,林孟等译,吉林人民出版社,1999,第85页。
② R. G. Mcloskey 指出,在美国,民主与法治之间有更多的二元论,即矛盾的成分。R. Lowenhal 指出,在德国,大体上有一个普遍的假设,即公民的基本权利总是受到他们所选举的代表的威胁……对民主的恐惧使法治得到加强。参见〔美〕Elster J. 等编《宪政与民主》,生活·读书·新知三联书店,1997,第158页。卢梭、潘恩、杰弗逊等经典作家均认为民主与法治相互冲突、相互对立,甚至互不相容。他们认为,法治是死者统治活人的工具,认为"地球是活人的世界,而不是死者的天下",并由此得出结论,法治是非民主的。参见〔日〕猪口孝等编《变动中的民主》,林猛等译,吉林人民出版社,1999,第86页。

也削弱了法治。法治国家长期有效的法律是为了维护可预见性而建立的，但是它又迫使社会接受这些法律所带来的人们未预见的、不幸的后果。为了使民主更好地运作，人们重新引入了更多的现时性权力，但是它对民主又有某种破坏性的影响。"①

本文同意上述关于民主与法治关系的第三种观点，并且将通过中国行政法治与公众参与制民主（参与制民主是代表制民主的重要补充）二者对立统一的辩证发展进程，对这一观点予以进一步论证。

一 中国行政法与公众参与制民主的发展

中华人民共和国成立以后，中国行政法与公众参与制民主的发展经历了三个阶段："文化大革命"前（1949～1966年）、"文化大革命"中（1966～1976年）和"文化大革命"后（1978年至今）。

第一阶段（1949～1966年），即"文化大革命"前17年。中国当时的主要任务是巩固政权，恢复经济，发展经济，开展社会主义建设。为了完成这一任务，中国开始着手民主和法制建设。在民主建设方面，当时党②和国家领导人对代表制民主和参与制民主是同样重视的。一方面在全国组建各级人民代表大会，建立代表制民主；另一方面特别强调发动群众、依靠群众，通过建立各种群众组织，如工会、农协、妇联、共青团等，动员其成员执行党和国家的方针、政策，完成党和国家确定的任务。虽然当时这种参与制民主是很不完善的（群众的参与主要是执行的参与而不是决策的参与；群众的组织主要是官方或半官方的组织而不是群众自发的组织；群众组织和参与的目的主要是完成党和国家的任务而不是为了本团体、本阶层群众的利益），但当时中国大多数公众确实是参与了"公务"，而且参与的积极性很高（如

---

① 〔美〕Francis Sejersted：《民主与法治：关于追求良好政府过程中的矛盾的一些历史经验》，载 Elster J. 等编《宪政与民主》，生活·读书·新知三联书店，1997，第168页。
② 本文单独使用"党"，均特指"中国共产党"。

1956年的农业合作社，1958年的人民公社、"大跃进"等）。我们甚至可以认为，当时中国"参与制民主"的发展水平高于代表制民主的发展程度，人民代表机关作用的发挥是很不充分的。在法制方面，当时党和国家领导人是既重视法制，想健全法制，但同时又限制法制的发展，不想完全依法治国、依法办事。之所以重视法制，想健全法制，是怕民主过头了，群众运动无法无天，以至做出过多过激的行为，需要用法律限制一下，用法律规范一下群众运动；之所以又限制法制的发展，不想完全依法治国、依法办事，是怕法律捆住群众的手脚，挫伤群众参与"公务"——主要是政治运动——的热情。20世纪50年代及60年代前期，中国民主与法制，特别是参与制民主与行政法制的发展，[①] 在很大程度上反映和体现了当时党和国家领导人既想要法制（非法治）又不想全面实行法制的思想。

第二阶段（1966~1976年），即"文化大革命"10年。这一阶段是中国民主泛滥和被扭曲，法制遭受破坏、践踏的时期。就民主而言，"文化大革命"中的民主是一种完全被扭曲、完全变态的民主，各级人民代表大会基本停止运作，直接的"参与制民主"全面取代代表制民主。事实上，当时的"参与制民主"也不是真正的参与制民主，各"造反派"不是"参与"，而是直接行使权力，自己想怎么干就怎么干。至于法制，那些被认为是束缚群众运动的条条框框，自然应被群众彻底砸烂、废除。很显然，"文化大革命"的民主是一种不受法制规范和约束的"大民主"。在这种"大民主"环境下，群众直接行使（不只是参与）"公务"的决策权和执行权，其权力可谓大矣。但是，作为群众中的任意一员，却又随时可能被别的群众所抓、所关、所管制，其人身自由和财产几乎没有任何保障，其权利、自由又是何其少矣。可见，没有法制（及法治）的群众"参与制大民主"（或曰"直

[①] 关于中国行政法发展情况的详细论述，可参见姜明安《行政法与行政诉讼法》，中国卓越出版公司，1990，第110~140页。

接民主") 是多么可怕，它将使人类倒退到没有任何安全保障的 "自然状态" 中。"文化大革命" 中上至国家主席，下至普通工人、农民，千百万人的人权遭受侵犯、蹂躏的事实就是这种 "参与制大民主" 价值的最好注脚。①

第三阶段（1978 年至今），即改革开放以来的 26 年。这 26 年，中国民主和法制（及法治）建设均有了前所未有的大发展。就民主而言，不仅代表制民主得以恢复、加强，各级人民代表大会开始正常运作，由 "橡皮图章" 日益转变成名副其实的代表人民行使国家权力的机关，其他国家机关均由其产生、对其负责、受其监督②（尽管中国代表制民主的完善还有很长的路要走），而且更为重要的是，真正的参与制民主在中国开始产生、发展，形成国家公权力运作的一种新机制。这主要表现在下述七个方面。

第一，1982 年宪法在确立代表制民主的同时第一次在《中华人民共和国宪法》（以下简称《宪法》）中明确确立了参与制民主。《宪法》第 2 条第 3 款规定，人民依照法律规定，通过各种途径和形式，管理国家事务，管理经济和文化事业，管理社会事务。《宪法》的这一条款确立了新时期参与制民主的基本模式：①人民参与是 "依照法律规定" 参与，不是 "文化大革命" 前的那种 "群众运动" 式参与，更不是 "文化大革命" 中的那种 "无法无天" 和 "无政府主义" 式参与；②人民参与的范围包括 "管理国家事务，管理经济和文化事业，管理社会事务"，不同于 "文化大革命" 前或 "文化大革命" 中公众参与主要是参与政治运动，现在的公众参与主要是参与与自己切身利益相关的事务，这种事务可能属于国家管理的范畴，也可能属于

---

① 关于 "文化大革命" 的悲剧及历史教训，可参阅以下文献。逄先知、金冲及主编《毛泽东传（1949 - 1976 年）》，中央文献出版社，2003，第 34～43 章；金冲及主编《周恩来传（1949 - 1976 年）》，中央文献出版社，1998，第 27～36 章；〔美〕洛厄尔·迪特默：《刘少奇》，萧耀先等译，华夏出版社，1989，第 4 章、第 7 章、第 8 章。

② 参见《中华人民共和国宪法》第 3 条。

社会管理的范畴（国家公权力越来越向社会转移，此不同于计划经济时代的"溥天之事，莫非国事"）；③人民参与的途径和形式是多种多样的，法律可以在不同时期规定人民参与的不同途径、不同形式，如通过座谈会、论证会、听证会途径陈述、申辩、举证和提出意见、异议的形式，通过信访、游行、集会途径提出批评、建议的形式，通过组织行业协会、社团途径参与规则制定和秩序维护的形式，等等，而不同于"文化大革命"前或"文化大革命"中的那种"大民主"形式。

第二，2000年全国人大通过《中华人民共和国立法法》，2001年国务院发布《行政法规制定程序条例》《规章制定程序条例》，确立了公众参与国家立法和行政立法的制度。这一制度的内容包括以下几个方面。①国家立法应当通过座谈会、论证会、听证会等多种形式听取各方面的意见，包括听取社会公众、有关组织和专家的意见。[①] ②重要法律案可事前公布，组织全民讨论。[②] ③政府部门起草行政法规和规章，应当深入调查研究，通过书面征求意见以及召开座谈会、论证会、听证会等多种形式广泛听取有关公民、组织的意见；规章草案直接涉及公民、法人或者其他组织切身利益，且有关机关、组织或者公民对其有重大意见分歧的，应当向社会公布，征求社会各界的意见，起草单位也可举行听证会听取意见。[③] ④行政法规、规章起草完成后，法制机构应将其送审稿发送有关组织和专家征求意见，重要的行政法规送审稿可向社会公布，征求意见。[④] ⑤法制机构对行政法规、规章送审稿涉及的主要问题，应深入基层实地调查研究，听取公民和有关组织的意见。[⑤] ⑥行政法规、规章送审稿涉及重大、疑难问题的，法制机构应召开座谈会、论证会，听取意见，研究论证。[⑥] ⑦行政法规

---

① 参见《中华人民共和国立法法》第34条。
② 参见《中华人民共和国立法法》第35条。
③ 参见《行政法规制定程序条例》第12条、《规章制定程序条例》第14条、第15条。
④ 参见《行政法规制定程序条例》第19条、《规章制定程序条例》第20条。
⑤ 参见《行政法规制定程序条例》第20条、《规章制定程序条例》第21条。
⑥ 参见《行政法规制定程序条例》第21条、《规章制定程序条例》第22条。

送审稿直接涉及公民、法人或者其他组织切身利益的，法制机构可举行听证会听取意见；规章送审稿直接涉及公民、法人或者其他组织切身利益，有关机关、组织或者公民对其有重大意见分歧，且起草单位在起草过程中未向社会公布，也未举行听证会的，法制机构可向社会公布，也可举行听证会听取意见。①

第三，1996 年全国人大通过《中华人民共和国行政处罚法》，2003 年全国人大常委会通过《中华人民共和国行政许可法》，确立了行政相对人参与有关行政执法行为的制度。这一制度的主要内容包括以下几方面。①行政执法行为的依据、条件、程序等必须向社会公众公开，行政机关应为行政相对人参与行政执法事前提供必要的信息。②②具体行政执法行为在做出前，行政机关应告知行政相对人做出行政执法行为的事实、理由及依据，并告知当事人和其他利害关系人依法享有的权利。③ ③行政机关对其做出的行政执法行为必须向行政相对人说明理由。④ ④行政相对人对行政机关实施的行政执法行为，有权进行陈述、申辩，行政机关必须充分听取当事人的意见，对当事人提出的事实、理由和证据，应当进行复核；当事人提出的事实、理由或者证据成立的，行政机关应当采纳。⑤ ⑤行政机关做出涉及相对人重

---

① 参见《行政法规制定程序条例》第 22 条、《规章制定程序条例》第 23 条。
② 《中华人民共和国行政处罚法》第 4 条规定，行政处罚遵循公开原则，对违法行为给予行政处罚的规定必须公布；未经公布的，不得作为行政处罚的依据。《中华人民共和国行政许可法》第 5 条规定，设定和实施行政许可，应当遵循公开的原则，有关行政许可的规定应当公布；未经公布的，不得作为实施行政许可的依据。
③ 《中华人民共和国行政处罚法》第 31 条规定，行政机关在做出行政处罚决定之前，应告知当事人做出行政处罚决定的事实、理由及依据，并告知其依法享有的权利。《中华人民共和国行政许可法》第 30 条规定，行政机关应当将有关行政许可的事项、依据、条件、数量、程序、期限以及需要提交的全部材料的目录和申请书示范文本等在办公场所公示；申请人要求行政机关对公示内容予以说明、解释的，行政机关应当说明、解释，提供准确、可靠的信息。《中华人民共和国行政许可法》第 36 条规定，行政机关对行政许可申请进行审查时，发现行政许可事项直接关系他人重大利益的，应当告知该利害关系人。
④ 参见《中华人民共和国行政处罚法》第 39 条、《中华人民共和国行政许可法》第 38 条。
⑤ 参见《中华人民共和国行政处罚法》第 6 条、第 32 条，《中华人民共和国行政许可法》第 7 条、第 36 条。

大权益的行政执法行为，当事人或其他利害关系人有权要求举行听证；行政机关做出涉及重大公共利益的行政执法行为，行政机关应当向社会公告，主动举行听证，在听证中，当事人和其他利害关系人有权进行申辩和质证。①

第四，1997 年全国人大常委会通过《中华人民共和国价格法》，2002 年全国人大常委会通过《中华人民共和国环境影响评价法》，确立了行政相对人参与价格制定、环境及规划编制等行政决策的制度。这一制度的主要内容包括以下几个方面。①政府价格主管部门和其他有关部门制定政府指导价、政府定价，应当听取消费者、经营者和有关方面的意见。②②政府价格主管部门和其他有关部门制定关系群众切身利益的公用事业价格、公益性服务价格、自然垄断经营的商品价格等政府指导价、政府定价，应当举行听证会，征求消费者、经营者和有关方面的意见，论证其必要性、可行性。③③消费者、经营者可以根据经济运行情况，对政府指导价、政府定价提出调整建议。④④国家鼓励公众和有关单位以适当方式参与环境影响评价。⑤⑤规划编制机关在编制专项规划时，对可能造成不良环境影响并直接涉及公众环境权益的，应在规划草案报送审批前，举行论证会、听证会，或者采取其他形式，征求公众、专家和有关单位的意见，对于公众、专家和有关单位的意见，规划编制机关应当认真考虑，并在相应环境影响评价报告书中附具对所有意见采纳或不采纳的说明。⑥⑥除国家规

---

① 《中华人民共和国行政处罚法》第 42 条规定，行政机关做出责令停产停业、吊销许可证或者执照、较大数额罚款等行政处罚决定之前，应当告知当事人有要求举行听证的权利；当事人要求听证的，行政机关应当组织听证；在听证中，当事人有权进行申辩和质证。《中华人民共和国行政许可法》第 46 条规定，法律、法规、规章规定实施行政许可应当听证的事项，或者行政机关认为需要听证的其他涉及公共利益的重大行政许可事项，行政机关应当向社会公告，并举行听证。
② 参见《中华人民共和国价格法》第 22 条。
③ 参见《中华人民共和国价格法》第 23 条。
④ 参见《中华人民共和国价格法》第 25 条。
⑤ 参见《中华人民共和国环境影响评价法》第 5 条。
⑥ 参见《中华人民共和国环境影响评价法》第 11 条。

定需要保密的情形,对环境可能造成重大影响、应当编制环境影响评价报告书的建设项目,建设单位应当在报批建设项目环境影响评价报告书前,举行论证会、听证会,或者采取其他形式,征求公众、专家和有关单位的意见,建设单位在报批的环境影响评价报告书中应附具对公众、专家和有关单位的意见采纳或不采纳的说明。①

第五,宪法和有关法律、法规规定了公众可以通过书信、走访等形式或通过报刊、电视、广播等舆论机构向国家机关提出批评、建议、申诉、控告、检举,参与对国家机关和国家工作人员的监督,改进国家管理。例如,《宪法》第27条规定,一切国家机关和国家工作人员必须依靠人民的支持,经常保持同人民的密切联系,倾听人民的意见和建议,接受人民的监督。《宪法》第41条规定,中华人民共和国公民对于任何国家机关和国家工作人员,有提出批评和建议的权利;对于任何国家机关和国家工作人员的违法失职行为,有向有关国家机关提出申诉、控告或者检举的权利。《信访条例》规定,公民、法人或者其他组织可以采用书信、电话、走访等形式,向各级人民政府、政府部门反映情况,提出意见、建议和要求,检举、揭发行政机关工作人员的违法失职行为等。②

第六,宪法和有关法律、法规规定了公民可以通过居民委员会、村民委员会等基层群众性自治组织实行自治,参与管理有关社会公共事务和公益事业。《宪法》第111条规定,城市和农村按居民居住地区设立的居民委员会或者村民委员会是基层群众性自治组织。居民委员会、村民委员会设人民调解、治安保卫、公共卫生等委员会,办理本居住地区的公共事务和公益事业,调解民间纠纷,协助维护社会治安,并且向人民政府反映群众的意见、要求和提出建议。《中华人民共和国城市居民委员会组织法》规定,居民委员会除办理本居住地区

---

① 参见《中华人民共和国环境影响评价法》第21条。
② 参见《信访条例》第2条、第8条。

的公共事务和公益事业，调解民间纠纷，协助维护社会治安外，还协助人民政府和它的派出机关开展与居民利益有关的公共卫生、计划生育、优抚救济、青少年教育等工作。①《中华人民共和国村民委员会组织法》规定，村民委员会除办理本村的公共事务和公益事业，调解民间纠纷，协助维护社会治安外，还协助乡、民族乡、镇人民政府开展工作，村民委员会对于涉及村民切身利益的事项，如修道路、建学校、确定乡统筹、村提留、集体经济项目承包、集体经济收益使用，以及制定和修改村民自治章程、村规民约等，均须提请村民会议（由本村18周岁以上的村民组成）讨论决定。②

第七，公民通过结社，组织各种行业协会、社团等，参与国家和社会公共事务的处理和管理。我国自改革开放以后，各种行业协会、社团（如律师协会、医师协会、注册会计师协会、消费者协会、妇联、青联、学联、残联、侨联）等非政府组织发展很快，我国目前有正式登记成立的全国性社团1712个、地方性社团15万余个、民办非企业单位11万余个，至于未经合法登记自行成立的社团则更多（可能为正式登记成立的社团的10倍左右）。③尽管在这个数量庞大的非政府组织中，有一个相当大比例的民间组织（其民间性不足、自治性不足）与政府有着过于密切的联系，有的甚至被人们称为"二政府"，但是这些非政府组织毕竟在逐步民间化，自治度也在逐步提高，正逐步成为所在组织成员的真正代言人和权益维护者，它们是现代社会公民参与的重要途径。无论是行政相对人参与行政机关的具体行政行为，如行政处罚、行政许可的听证，还是一般公众参与政府决策，如价格决策、规划决策以及人口、资源、环境和可持续发展的决策，非政府组织都在起着越来越大的、非公民个体所能起的、极为重要的和

---

① 参见《中华人民共和国城市居民委员会组织法》第3条。
② 参见《中华人民共和国村民委员会组织法》第2条、第19条、第20条。
③ 谢海定：《民间组织管理：从控制、放任向扶植培育的转型》，《法制日报》2003年7月31日第9版。

不可替代的作用。

回顾中华人民共和国成立以来公众参与制民主发展的三个阶段，第三个阶段（改革开放以来的26年）较前两个阶段有下述三个较明显的特色。其一，公众参与与行政法治同步发展。公众参与是在法治的环境下参与，依法参与（不是脱离法律约束的"大民主"）的途径、形式、范围、程序均由法律、法规明确规定；行政法治亦是在公众参与前提下实施的法治，法的制定、实施、修改均有公民或公民组织的参与，以反映和体现公众的意志和利益。其二，公众参与的目的是维护自己具体的、实际的权利和利益（不是为"空头政治"目的的参与）。不同阶层、不同行业、不同领域、不同团体的公众会有不完全相同的利益，人们正是在这种参与和参与的博弈过程中实现其利益的平衡和协调的。其三，公众参与的种类、途径、形式是多种多样的（不是单纯"群众运动"式的参与）。就种类而言，既包括参与国家事务管理（如参与立法、决策、具体行政行为等），又包括参与经济文化事业管理（如参与宏观调控、市场规制、科教文体的发展规划等），还包括参与社会事务管理（如参与环境保护、卫生保健以及社团章程、村规民约的制定等）；就途径而言，既包括通过听证会、论证会、座谈会等参与，又包括通过信访、报刊、电视等舆论渠道参与，还包括通过协会、社团等非政府组织参与；就形式而言，既包括口头意见陈述、申辩、建议，也包括书面意见、建议及论证报告，还包括直接向行政机关提出行政决定、行政规章、行政法规的试拟稿和直接参与行政决策等。

二 公众参与的战术意义和战略价值

现代民主主要是代表制民主——间接民主，而古代社会的民主，如美洲印第安人、欧洲希腊人的原始氏族、部落的民主，[1] 奴隶制时

---

[1] 《马克思恩格斯选集》第4卷，人民出版社，1972，第80~104页。

代的雅典民主，则主要是参与制民主——直接民主。① 由参与制民主发展到代表制民主，自然有很多历史的原因，其中一个重要原因是民族国家的形成和发展，特别是像今天中、美、俄、英、法、德这样的大国，实行民主制如果不采行代表制民主而采行全民直接参与的直接民主的话，简直是不可想象的。代表制民主相对于直接参与制民主，除了后者在现代国家不具有可行性（除非人口不过万人，面积不过几百、上千平方公里的特别小的国家）以外，前者还有诸多后者（如果后者可行的话）所不具有的优点。其一，人民代表的素质一般高于普通公民，从而代表机关做出的决策的质量一般要优于普通公民集体做出的决策。其二，人民代表大会相较于全体公民大会，人数较少，较易于形成共识和达成、通过相应问题的决议，效率较高；而全体公民大会人数众多，难以形成共识和达成、通过相应问题的决议，效率较低。其三，代表大会讨论问题通常受较严格的程序制约，从而形成决议可能较慎重；全体公民大会可能较易于受情绪影响，受人操纵，从而可能形成某些过激的决议，甚至可能演成"多数暴政"。② 其四，代表制民主较直接参与制民主经济。试想，一个国家，哪怕是一个只有几万人或几十万人的小国，如果每决定一个重大问题均要召集全民大会讨论、投票，那要花费多少人力、财力、物力？

既然代表制民主相较于参与制民主有那么多优越性，那么我们现在为什么要特别强调发展参与制民主呢？当然，我们讲发展参与制民主，并不是要以参与制民主去取代代表制民主，并不是要取消人民代表大会制度、议会制度，而回归古代的直接民主。我们讲发展参与制民主，是要在进一步健全、完善代表制民主的前提下扩大公民对公务的直接参与，以参与制民主补充代表制民主。

---

① 〔美〕斯科特·戈登：《控制国家——西方宪政的历史》，应奇等译，江苏人民出版社，2001，第 63~88 页。
② 关于"多数暴政"问题，可参阅〔美〕Elster J. 等编《宪政与民主》，潘勤、谢鹏程译，生活·读书·新知三联书店，1997，第 2~16 页。

尽管如此，人们还是会问，代表制民主为什么要以参与制民主加以补充呢？代表制民主是不是有某些缺陷、某些不足？参与制民主为什么能补充代表制民主的缺陷和不足呢？它有哪些是代表制民主所不具有的功能或优越性？

自从英国"光荣革命"以后，[①] 代表制民主就一直是各国民主的基本形式或主要形式（如果其实行民主而非实行专制的话），但是代表制民主既有着先天的缺陷和不足，又有着在后天发展过程中逐渐产生和滋长的弊端。其一，代表机关的代表虽然是由公众选举产生的，但它既有与公众相同的利益，也有与公众不同的其自身的利益。在公众利益与其自身利益相冲突时，它可能会放弃公众利益而维护自身利益。其二，现代议会的代表通常由政党推荐产生，各政党亦有各政党的利益，政党的利益与公众的利益并不总是一致的。其三，代表机关决定问题通常只能是少数服从多数，少数人的正当权益有时难以得到有效的保护。其四，代表机关的主要职能是立法和对国家重大政策问题做出决定，法律和政策执行的职能在政府，政府的行为最广泛、最直接、最经常涉及广大公众的利益，政府行为是否代表、反映和符合民意、民益，代表机关并不能随时、全面地实施监督。其五，随着现代科学技术的迅猛发展，各种社会经济问题越来越复杂化，代表机关的代表由于不具有行政机关工作人员所具有的专门知识、专门经验、专门技能，对许多本应由其解决的问题往往难以应对，故将大量的这类问题授权或委托行政机关处理（由行政机关制定行政法规、规章，发布规范性文件等），从而导致代表机关的立法权、决定权、监督权萎缩，行政权却大为扩张、膨胀。而不断扩张、膨胀的行政权如缺乏有力、有效的监督，腐败则不可避免。

然而，推进参与制民主是否能有助于解决上述问题呢？中国自改

---

① "光荣革命"是指1688年发生的英国资产阶级革命，参见周一良、吴于廑主编《世界通史·近代部分》，人民出版社，1972，第17~44页。

革开放以来的实践和国外更长时期的公众参与国家和社会管理的实践证明,答案是肯定的。在现代社会,着力扩展公众参与的途径,努力发展参与制民主,不仅有助于解决上述现实问题,而且可能为人类政治文明的长远目标探索路径。这即是公众参与的所谓"战术意义和战略价值"所在。这种"战术意义和战略价值"主要表现在以下几个方面。

其一,公众参与有利于公民、法人或者其他组织在具体行政行为,特别是在行政处罚、行政给付、行政裁决、行政许可等直接涉及其切身利益的具体行政行为中,维护自己的合法权益,防止行政机关单方面行为对自己做出不利的处理,侵犯其合法权益。尽管没有行政相对人参与,行政机关在具体行政行为中的侵权行为在事后也可以通过行政复议或行政诉讼获得救济,但事后的救济一是成本太大,二是有些损害在事后难以弥补,即使事后能弥补显然也比不上当事人在事中参与而防止侵权发生要好。

其二,公众参与有利于行政相对人对行政决策、行政决定的理解,从而有助于消除行政政策、行政决定在执行中的障碍,保证行政政策、行政决定的顺利贯彻执行。行政相对人在参与行政决策、行政决定制定的过程中,如对相应行政决策、行政决定有异议或疑义,会在参与过程中向行政机关提出,行政机关对之要予以解释、说明。行政机关如认为相对人的异议有道理,会适当修正自己的决策、决定,从而使之获得相对人的理解。这样,相对人在之后的相应政策、决定执行过程中自然会予以配合。

其三,公众参与有利于消除歧视、偏袒,保障社会公正。公众参与由于是所有有利害关系人的参与,所以可以避免代表制民主代表的不全面性,即某些行业、某些领域、某些界别、某些阶层有代表,有些则无;有些行业、领域、界别、阶层代表多,有些则少。另外,少数服从多数的原则有时会使少数人的意见、利益被忽视,甚至导致歧视、偏袒。公众直接参与行政决策和行政决定的制定就可以较好地防止这类情形，从而保证各个方面、各个利害关系人的意见和利益都能得到适当反映，最大限度地保障社会公正。

其四，公众参与有利于加强对公权力行使的监督，防止腐败。公权力（包括国家公权力和社会公权力）的行使如果没有相对人的参与，权力行使机关和行使者个人意欲腐败，在"暗箱操作"条件下，即很容易实现其目的。但在公众参与的条件下，公权力行使者害怕公共舆论，就不会轻易产生腐败的念头，即使有此念头，恐怕也难以得逞。人们常说，阳光是最好的防腐剂。公众的千百双眼睛就是阳光，公众参与显然是消除腐败的良方之一。

其五，公众参与有利于加强公民的主体意识，健全公民的人格。公民是国家和社会的主人，管理国家、管理社会、建设国家、促进社会的发展是其职责。但是在计划经济时代，在"全能政府"的条件下，[1] 公民一切都依赖政府，导致其主体意识逐渐淡薄，其竞争乃至生存能力逐渐退化。因此，在今天，要唤醒公民的主体意识，增强公民的责任感，健全公民人格，一个重要和必需的途径就是加强公民参与，加强公民自治，增强公民管理国家、管理社会，以及自己管理自己、自己维护自己权益的能力。

其六，公众参与有利于为国家公权力向社会转移、推动市民社会的发展创造条件。按照马克思主义的观点，国家最终是要消亡的。[2] 国家消亡当然是一个漫长的历史过程。在这个历史长过程中，国家权

---

[1] 关于"全能政府"，可参见董炯《国家、公民与行政法：一个国家—社会的角度》，北京大学出版社，2001，第158~182页。
[2] 马克思指出，无产阶级革命"不是一次反对哪一种国家形式——正统的、立宪的、共和的或帝制的国家政权形式的革命。它是反对国家本身、这个社会的超自然的怪胎的革命，是人民为了自己的利益重新掌握自己的社会生活"。"政府的镇压力量和控制社会的权威会随着其纯粹压迫性机构的废除而被摧毁，理应属于政府权力的职能，应当不是由凌驾于社会之上的机构，而是由社会本身的负责勤务员来执行的。"恩格斯指出，"国家最多也不过是无产阶级在争取阶级统治的斗争胜利以后所继承下来的一个祸害；胜利了的无产阶级也将同公社一样，不得不立即尽量除去这个祸害的最坏方面，直到在新的自由的社会条件下成长起来的一代能够把全部国家废物完全抛掉为止"。参见《马克思恩格斯选集》第2卷，人民出版社，1972，第411、439、336页。

力将不断地向社会转移，公民将逐步学习和获得自己管理自己、管理社会的能力。而公众参与国家管理是学习和锻炼自己这种能力的一个最好机会和必经途径。特别是公民通过组织社团，作为政府与市场中介的第三部门，参与对国家事务和社会事务的管理，对市场的规制，更是其培养自治能力、培养自己行使社会公权力——由政府公权力转化的权力的最好学校。

三 行政法对公众参与的规范和保障

公众参与尽管有其如前文所述的重大现实意义和历史价值，但同样也有其风险，运作不好，甚至可能导致对社会秩序的破坏和对人权的侵犯、践踏。

第一，人数众多的公众参与，其情绪往往相互影响，难以控制，特别是在个别或少数激进分子的煽动下，群情激奋的公众很可能失去理智，随心所欲，做出对社会具有破坏性的负面行为。

第二，公众有时会受本人、本单位、本团体局部利益和短期利益的诱导或驱使，可能会利用参与试图去改变行政决策、决定的正确方向，损害公共利益和社会发展的长远利益。这样，参与的结果反而会不利于环境、资源和生态的保护，不利于社会和经济的可持续发展。

第三，公众有时会因为缺乏对特定问题的专门知识、专门经验或有关信息而反对政府的某些正确决策、决定，其参与有可能导致这些正确决策、决定的夭折或改变。这种情况虽然可以通过对公民的宣传、提高公民素质以及加强信息公开、扩大公民对政府事务的知情范围和知情度加以缓解，但不可能完全避免。

第四，公众对具体行政行为的参与主要是当事人和其他利害关系人的参与，而不可能是全体公众的参与，这样，如果没有别的力量予以平衡，则有可能导致对一般社会公众利益的忽视，以致在使这部分人获得公正的同时却造成对另一些人的不公正。至于公众对行政决策的参与，往往是通过公众代表参与的。因此，代表如何产生、如何分配，对各方面利益的平衡和协调将起到至关重要的作用。如果代表产生不合理，代表在各不同利益团体中的分配比例不平衡，参与不仅不能保障公正，而且可能导致比没有参与的行政单方面决策形成的不公正产生更大的不公正。

由于上述这些原因以及民主与法治的对立统一关系，法律（主要是指行政法）对公众参与制度和具体参与行为加以规范是必要且不可或缺的。

此外，由于公众参与可能增加政府的公务成本，影响政府的行政效率，可能对政府机关及政府工作人员某些利益产生不利影响，特别是对那些意欲腐败的政府机关及政府工作人员来说，公众参与更可能给他们带来种种不便或障碍，因此他们不会欢迎公众参与，更不会主动推动公众参与。相反，只要有可能，他们会以种种借口阻止公众参与。有鉴于此，为保证公众参与的顺利和有序进行，除需以法律对公众参与加以规范外，以法律（主要是指行政法）对公众参与加以保障同样是必要和不可或缺的。

法律主要应在以下几个方面加强对公众参与的规范和保障。

第一，通过法律、法规、规章明确规定公众参与国家和社会公共事务的范围、途径和方式。无论是国家立法机关制定法律，还是行政立法机关或地方立法机关制定法规、规章，凡是相应法律、法规、规章所调整的事务具有公众参与的必要性和可能性的，都应在相应法律、法规、规章中明确规定公众参与的范围（包括参与人的范围和参与事项的范围）、参与的途径（如决策参与、执法参与、争议裁决参与、监督参与等）、参与的方式（如召开座谈会、论证会、听证会，通过信件、电子邮件、走访提出意见、建议，直接提交行政决策、行政决定试拟稿等）。

第二，通过法律、法规、规章明确规定公众参与的程序、方法。

为了保障公众参与的有效性与公正性，以法律、法规、规章明确规定各种不同类型、不同形式公众参与的程序、方法是非常必要的。例如，就行政决策听证会这种参与形式而言，对于参加听证会的公众代表选择的程序和方法、听证会主持人产生的程序和方法、听证会进行的程序、听证会举证和辩论的方式、听证记录和记录要点的整理方式、记录或记录要点的效力等问题，都必须在法律上予以明确。否则，公众参与就难以有序进行，难以发挥有效作用，甚至产生种种负面问题。

第三，建立健全政务信息公开制度，扩大公民对政务的知情范围和知情度。信息公开是公众有效参与的基本条件和前提。没有信息公开，公民不了解政府决策、决定的事实根据、形成过程、基本目标、预期的成本和效益等情况，就很难对政府的相应决策、决定进行评价，提出自己的意见、建议，公民参与很可能就成为走形式、走过场。参与的公民虽然也会提出自己的意见、建议，但所基于的只能是他自己掌握的有限的局部信息，甚至可能是错误的信息。没有法定信息公开，行政机关在公众参与时往往会临时向公众说明有关情况。这种说明有可能被行政机关用来误导公众，其真实信息可能通过整理被增删、加工，因而是不可靠的。因此，通过法律建立经常性的、规范化的政务信息公开制度对于保证公众参与的真实和有效是极为重要和必不可少的。

第四，保障公民依法结社的权利，推进市民社会的发展。公众参与涉及本身合法权益的公共事务有两种主要方式：以个体方式参与和以社团方式参与。[①] 以个体方式参与的效果远不及以社团方式参与的效果，因为个体的声音太小，影响力有限；而具有某种共同利益的人一旦组成社团，其说话的声音就比较洪大，比较容易引起人们的重视。特别是在行政决策参与中，个人没有社团做后盾，要对决策施加影响

[①] 关于社团和社团在公众参与中的作用，可参阅以下文献。沈岿：《谁还在行使权力——准政府组织个案研究》，清华大学出版社，2003；黎军：《行业组织的行政法问题研究》，北京大学出版社，2002；王建芹：《第三种力量——中国后市场经济论》，中国政法大学出版社，2003；石红心：《社团治理及其法律规制》，博士学位论文，北京大学，2003。

是很难的。相对于强大的政府，没有组织的个人"人微言轻"，政府可能根本注意不到你的声音。这些年来，"三农"问题严重，① 农民的权益得不到有效保护，一个重要的原因就是农民缺乏组织，其对国家政务的参与远不及工人、工商业者、妇女、残疾人等，因为后者有工会、商会、工商联、妇联、残联等组织。由此可见，要真正实现各种界别公众对国家和社会事务的有效参与，就必须鼓励公民依法结社，必须以法律保障各种界别公众（特别是弱势群体）的平等结社权。

第五，保障言论自由，加强新闻舆论对公众意见的反映，完善公民公开讨论机制。公民通过报纸、广播、电视、互联网发表对政务及各种社会问题的看法、意见，展开公开性的讨论，是公众参与的重要途径和形式。当然，各种舆论工具，特别是互联网的公开讨论，会有一定风险。有人可能造谣生事，发表对政府、对他人不负责任的诽谤性、攻击性言论，故意误导公众，制造事端。② 为此，法律一方面要对言论自由加以保障；另一方面也要对各种新闻舆论工具的运作加以规范。鼓励公众积极参与对各种国家和社会事务的讨论，打击和抑制利用言论自由造谣惑众，破坏社会稳定、侵犯他人合法权益的行为。

四 信息化、全球化条件下公众参与的发展趋势

从古代的参与民主——直接民主到近代的议会民主——间接民主，再从近代的议会民主——间接民主到现代的参与民主——直接民

---

① 关于"三农"问题，可参阅李昌平《我向总理说实话》，光明日报出版社，2002。
② 关于"舆论工具与公众参与的关系——正面和负面的作用"，Eliku Katz 教授在《大众传播与参与式民主》一文中有很好的论述："媒体传递了社会中心与社会边缘发生的事情，给咖啡屋提供了讨论的主题，激起了政治谈话，从而磨炼出成熟的意见。通过反映各种意见的分布，媒体以公民的名义对已有的制度施加影响和控制。这意味着，参与制民主至少需要具备这样的市民阶层，他们不仅广识博闻、消息灵通，而且意见不一、相互作用。"同时，"大众传媒是否损害了其自身的功能，更准确地说，是否在完成其功能的过程中，它以及它们的控制者，颠覆了它们原来曾想为之服务的制度体系？""报纸砍了国王的头，广播剥夺了国会的中介作用——现在，我们该说，电视摧毁了政党。"参见〔日〕猪口孝等编《变动中的民主》，林猛等译，吉林人民出版社，1999，第112、117～118页。

主，这似乎是民主的一种循环或回归。但是，现代的参与民主——直接民主与古代的参与民主——直接民主相比，虽然都是公众直接参与处理和决定涉及自己利益的公共事务，但在性质、内容和形式上都有着重要的或根本的区别。首先，古代的参与民主——直接民主是民主的基本形式。氏族的所有公共事务几乎都由全体氏族成年男女组成的议事会讨论决定，部落的公共事务虽由氏族酋长和军事首领等组成的议事会讨论决定，但部落的其他成员都出席议事会会议，并都有权参加讨论和发表意见，从而也属于参与式直接民主。[①] 而现代的参与民主——直接民主却只是议会民主（代表制民主）的补充，现代民主的基本形式仍是议会民主（代表制民主），尽管参与制民主有着越来越重要的地位。[②] 其次，古代的参与民主——直接民主是在氏族、部落、城邦等民族国家尚未形成的小规模的人类共同体内实施的，而现代的参与民主——直接民主与代表制民主一道，是在国家这样的大范围、大领域的人类共同体（如中国、美国、俄罗斯这样有着几亿、十几亿人口，几百万乃至上千万平方公里土地的大国）内实施的。最后，古代的参与民主——直接民主解决的只是与当时人们生产（狩猎和农业）、生活直接相关的较为简单的问题，而现代的参与民主——直接民主与代表制民主一道，要解决的问题既包括有关人们生产、生活以及切身权益保护一类似乎相对简单一些的问题，又包括有关国家安全、环境、生态、海洋开发、宇宙探测一类为古代氏族、部落议事会不可能讨论、处理的极为复杂的问题。

然而，现代的参与民主与古代的参与民主不论有多大的区别，毕竟都是参与民主；现代的直接民主与古代的直接民主不论有多大的区别，毕竟都是直接民主。那么，在某种意义上，也可以认为现代的参

---

① 《马克思恩格斯选集》第4卷，人民出版社，1972，第84~88页。
② 《中华人民共和国宪法》规定，中华人民共和国的一切权力属于人民。人民行使国家权力的机关是全国人民代表大会和地方各级人民代表大会。

与民主是古代的参与民主的一种回归,现代的直接民主是古代的直接民主的一种回归。当然也可以认为,现代的参与民主——直接民主,是对近代的议会民主——间接民主的否定(部分地否定),从而是对古代的参与民主——直接民主的否定之否定。

近代的议会民主为什么会否定古代的参与民主,其原因我们在前文中已经述及。而现代的参与民主为什么又要否定(部分否定、部分补充)近代的议会民主,其理由我们在前文中也已述及。现在我们需要研究的是,现代的参与制民主将有一个什么样的发展趋势,是完全回到古代的以直接民主作为民主基本形式的那种参与民主模式去,还是回到近代的间接民主那种纯议会民主的模式去,或者仍然保持现在的以参与制民主作为代表制民主的补充的模式,或者进一步发展参与制民主,使参与制民主与代表制民主并行,甚至以参与制民主为主而以代表制民主为辅的模式呢?

要回答这个问题,把握今天公众参与的发展趋势,必须首先明确我们今天所处时代的特点。两年前笔者曾经在一篇文章中提到 20 世纪后期全球涌动的四大潮流:全球化、信息化、市场化和民主化。[①] 对于影响今天公众参与发展趋势的时代特点来说,影响最巨者莫过于前两大潮流:全球化和信息化。正是由于全球化和信息化的迅猛发展,决定了公众参与进一步发展的不可逆转的趋势。

第一,全球化和信息化的迅猛发展决定了公众参与进一步发展的必要性和必然性。就全球化而言,今天的世界不仅有经济全球化的问题,而且各国政治、文化受经济全球化的影响,也存在一定的全球化的问题。另外,环境问题、犯罪问题和日益猖獗的恐怖活动问题,也都越来越全球化。要解决所有这些全球化问题和全球化所带来的所有问题,没有公众参与而只有政府行为是不可想象的。仅以全球环境问题为例,如果没有大量的各种形式的非政府环保组织(国内的和跨国

[①] 姜明安:《新世纪行政法发展的走向》,《中国法学》2002 年第 1 期。

的)的存在和参与,没有各国公众以各种途径和各种方式的参与,人类遭受污染的侵害和面临的生存威胁可能比今天不知要严重多少倍。

就信息化而言,自 20 世纪 90 年代以来,其发展速度之快简直令人难以想象。对此,仅举一个小例即可窥豹一斑。据报载,2004 年中国春节 7 天假期中,全国手机发送短信量达近百亿条(2003 年春节为 70 万条),仅北京人在除夕贺岁夜就发送手机短信 1.5 亿条。① 中国目前约有 3 亿人拥有手机,互联网网民数居世界第二位。试想,在这样的信息化发展速度和信息化水平条件下,即使有人想实行愚民政策,完全不让公民参与任何政务,实际亦不可能。孙志刚案、刘涌案、宝马案等公众运用传媒自发讨论公权力运作问题的事实,就是信息化决定公众参与的必要性和必然性的最好实证。②

第二,全球化和信息化的迅猛发展为公众参与的进一步发展提供了可能性。在有电话、电视、互联网以前,不要说人们要对某一问题组织一次全国性的讨论,召开一次全民会议让各种界别的公众参与发表意见几乎是不可能的,就是在一个地区,如一个省、一个县组织一次全体公众参与的讨论,召开一次全省、全县性的全民会议让各种界别的公众参与发表意见也是相当困难的。但是,在有了电话、电视、互联网以后,电话、电视会议和互联网电子空间不仅能使一定地区,如一个县、一个省的公众参与公共讨论毫无困难,就连全国公众就某一公共问题参与讨论也变得易如反掌。甚至随着全球化的发展,整个地球的球民就其共同关心的问题(如伊拉克问题、朝核问题、中东问题、反恐问题、WTO 问题、全球气候变暖问题等)参与共同讨论也是可能的。当然,由于语言的障碍和民族国家出于维护各自主权考虑而进行的干预,全球性公众参与公共讨论现时只能局限在很有限的范围。

---

① 参见《人民日报》2004 年 1 月 24 日,第 2 版;《北京晚报》2004 年 1 月 22 日,第 2 版。
② 关于公众在孙志刚案、刘涌案、宝马案中运用传媒自发讨论公权力运作问题的情况及学者对此的有关评价,可参见《北京晚报》2004 年 1 月 9 日,第 11 版。

第三，在全球化和信息化迅猛发展的条件下，公众参与的途径和形式将进一步完善和更加多样化，从而将大大增加公众参与的广度和深度。如现在行政法规、规章制定和行政决策运用较多的座谈会、论证会、听证会等参与形式，今后借助互联网、移动通信工具等信息化手段，其参与的范围将大为扩大，形成会内会外、部门内部门外、地区内地区外，甚至国内国外相互呼应和共同参与的局面。由于公众最广泛地参与，所讨论事项所涉及的各种深层次问题、矛盾将逐一被揭示出来，从而促使人们去思索和探讨统筹、协调解决这些问题的最优方案，防止决策的片面性和利益失衡。就行政相对人参与涉及自身权益的具体行政行为而言，在全球化、信息化的条件下，其途径和方式也将更加丰富和多样化。相对人不仅可以通过各种通信工具与行政机关讨论相应行政决定的事实、证据、法律根据等，而且可以参与决定草案的拟定，非直接行政相对人的其他利害关系人也可以参与相应行政决定的讨论和拟定。没有信息化手段，在行政相对人或其他利害关系人人数众多的情况下，广泛的公众参与即使不是不可能，也是极其困难的。例如，行政机关处理假冒伪劣食品、药品的具体行政行为，涉及的利害关系人（受害人）可能成千上万，如果不借助现代通信工具，让其参与几乎是不可能的。但在具有现代信息化手段以后，这种参与就具有了可能性。

第四，在全球化和信息化迅猛发展的条件下，公众参与将使民主更加完善、更加直接、更加真实，从而形成一种完全新型的民主模式。在世界尚未进入全球化和信息化时代或全球化、信息化发展水平还相当低的时代，民主国家只能实行代表制民主或最多以参与制民主作为其补充。在这种民主模式下，社会基本处于国家与公民个人的二元状态。社会的一端是国家，另一端是公民个人。公民个人既受制于国家，又选举自己的代表控制国家。国家的一切权力属于人民，人民通过自己的代表机关行使国家权力。而在全球化和信息化日益发展，为公众直接参与"公务"提供和创造了越来越多、越来越大的必要性、必然性和可能性以后,现代民主国家实行的就不再是纯粹的代表制民主或仅以公众参与作为补充的代表制民主,参与制民主的比重将越来越大,地位将越来越重要。尽管参与制民主不可能完全取代代表制民主而成为民主的唯一形式——像任何现代民主国家都不可能再实行纯粹的代表制民主一样,任何现代民主国家也都不可能实行纯粹的参与制民主——但是,在参与制民主在整个民主机制中的比重越来越大、地位越来越重要的民主模式下,社会将由传统的国家、公民个人的二元状态转变为国家、市民社会、公民个人的三元状态。国家权力不仅由人民代表机关控制,由公民参与行使,而且其中一部分(这部分的比重将越来越大)逐步转移给市民社会——由各种非政府组织构成的市民社会——直接行使。毫无疑问,这种民主比纯粹的代表制民主或仅以公众参与为补充的代表制民主更加完善、更加直接、更加真实。

第五,在全球化和信息化迅猛发展的条件下,公众参与民主将与行政法治和宪法更加完满地结合,并推动行政法治和宪治的发展和转型,从而形成一种完全新型的法治和宪治模式。由于全球化的发展和公众(通过各种途径和形式)对国家事务乃至全球事务的参与,传统的国家主权必定要受到一定的限制。国家权力一部分转移给国内的市民社会,一部分转移给国际社会(包括由主权国家组成的国际组织和由非政府组织组成的国际组织)。在这种公众参与和国家公权力转化的过程中,构建行政法治和宪治的公法将发展成三个部门:国家公法、社会公法和国际公法。国家公法调整和规范国家公权力的运作,包括公民参与国家管理的运作;社会公法调整和规范社会公权力的运作,包括公众参与社会事务管理的运作;国际公法调整和规范国际公权力的运作,包括规范有国籍或无国籍的地球球民以及由政府或非政府组织组成的国际组织参与国际事务和地球事务管理的运作。很显然,这三类公法制定的主体将不再都是国家立法机关,人类不同的共同体①成员及其组织②将参与各相应公法的制定。同时，信息化的加速发展将为各种不同类别、不同层级、不同形式的公众参与行政法治和宪治的重构（包括各种新型公法的制定和实施）创造和提供更完善的条件。由此可见，全球化和信息化的发展将促进参与制民主与行政法治和宪治的更高层次的结合，从而形成新型的更高层次的民主和新型的更高层次的行政法治与宪治。

（本文原载于《法学研究》2004年第2期）

---

① 如国家、社团、企业、行业、各种国际组织等。
② 国家组织如议会、政府和各种政府部门等；社团组织如工会、青联、妇联、残联等；行业组织如律师协会、医师成员及其组织协会、注册会计师协会等；国际组织如UN、WTO、EEC、APEC、WHO等。

丛书后记

受社会科学文献出版社谢寿光社长、恽薇分社长、芮素平主任的信任和邀请，我担任了本丛书的执行主编，统筹了本丛书的出版工作。

本丛书各卷的主编都是我非常尊重的前辈。事实上，就我这一辈法科学生来说，完全是在阅读他们和他们那一辈学者主编的教材中接受法学基础教育的。之后，又因阅读他们的著作而得以窥法学殿堂之妙。不知不觉，时光已将我推到不惑之年。我以为，孔子所讲的"而立""不惑""知天命""耳顺""从心所欲不逾矩"，都是针对求学而言。而立，是确立了自己的方向；不惑，是无悔当下的选择；知天命，是意识到自己只能完成这些使命；耳顺，是指以春风般的笑容迎接批评；从心所欲不逾矩，指的是学术生命的通达状态。像王弼这样的天才，二十来岁就写下了不可磨灭的杰作，但是，大多数人还是循着孔子所说的这个步骤来的。有意思的是，在像我这样的"70后"步入"不惑"的同时，中国的法律发展，也开始步入它的"不惑"之年。法治仍在路上，"不惑"非常重要。另一方面，法律发展却与人生截然不同。人生是向死而生，法律发展却会越来越好。尤其是法治度过瓶颈期后，更会越走越顺。尽管改革不易，但中国法治必胜。

当代中国的法治建设是一颗浓缩丸，我们确实是用几十年走过了别的国家一百年的路。但是，不管是法学研究还是法律实践，盲目自信，以为目前已步入经济发展的"天朝大国"，进而也步入法学和法律实践的"天朝大国"，这都是非常不可取的态度。如果说，改革开放以来的法律发展步入了"不惑"，这个"不惑"，除了坚信法治信念之外，另一个含义就应该是有继续做学生的谦逊态度。"认识你自己"和"认识他者"同等重要，由于学养仍然不足，当代人可能尚未参透中国的史与今，更没有充分认识世界的法学和法律实践。中国的法律人、法学家、法律实践的操盘手，面对世界法学，必须有足够的做学生的谦逊之心。

除了郑重感谢各位主编，丛书的两位特约编辑张文静女士和徐志敏女士，老朋友、丛书责编之一李晨女士也是我必须郑重致谢的。

董彦斌

2016 年早春

图书在版编目(CIP)数据

法治国家/姜明安主编.—北京：社会科学文献出版社，2016.3
（依法治国研究系列）
ISBN 978-7-5097-8953-7

Ⅰ.①法… Ⅱ.①姜… Ⅲ.①社会主义法制-建设-研究-中国 Ⅳ.①D920.0

中国版本图书馆CIP数据核字（2016）第059794号

·依法治国研究系列·

法治国家

主　　编 / 姜明安

出 版 人 / 谢寿光
项目统筹 / 芮素平
特约编辑 / 张文静　徐志敏
责任编辑 / 芮素平　尹雪燕

出　　版 / 社会科学文献出版社·社会政法分社（010）59367156
　　　地址：北京市北三环中路甲29号院华龙大厦　邮编：100029
　　　网址：www.ssap.com.cn
发　　行 / 市场营销中心（010）59367081　59367018
印　　装 / 北京季蜂印刷有限公司

规　　格 / 开　本：787mm×1092mm　1/16
　　　　　印　张：14.75　字　数：194千字
版　　次 / 2016年3月第1版　2016年3月第1次印刷
书　　号 / ISBN 978-7-5097-8953-7
定　　价 / 59.00元

本书如有印装质量问题，请与读者服务中心（010-59367028）联系
版权所有 翻印必究